あたまがよくなる めいろ あそび編

監修
高濱正伸
花まる学習会代表

問題作成
花まる学習会
アルゴクラブ

サンマーク出版

本当の
頭のよさを
育むために

「本当の頭のよさ」は、どうすれば身につくのでしょうか。

これまで数十万人の子どもを直接・間接的に見てきた私の結論は、「何かに夢中になって試行錯誤し『見つけた！』『わかった！』『できた！』を積み重ねること」です。これは子どもだけでなく大人になってからも、それこそお年を召したかたの脳を活性化するときにも大いに役立ちます。

試行錯誤と発見で地頭が育つ

まずは、私が花まる学習会で見てきた子どもたちの話をしましょう。試行錯誤と発見をたくさん経験した子は、集中力、やり抜く力、自信、創造力、物事を楽しむ力、論理的思考力といった「あと伸び」するために必要な、学力の土台ができます。これらが社会に出てからも活躍するうえで重要な役割を果たすのです。

私は、こうした力をつけることを、激動する世の中に負けず生き抜くという意味を込めて「メシが食える大人になる」と呼んできました。

このように申し上げると「夢中になるなら好きなことだけさせて学習はしなくていいのか」などと、心配の声をいただくこともあります。もちろん学習に夢中になるなら、それに越したことはないでしょうが、小学3年生くらいまでは楽しいことや好きな遊びに夢中になる時期です。では、「遊びに夢中になる」を「学びに夢中になる」に変えていくには、どうすればいいのでしょうか。

めいろは優れた「学びになる遊び」

この二つをつなぐのが「学びになる遊び」です。私たちは、いろいろな「学びになる遊び」を生み出してきましたが、特に優れていたのが、めいろでした。

子どもはめいろが大好きです。それは始まりと終わりが明確で、たとえまだ文字が読めなくても、線を上手に描けなくても、指でたどるうちに「ゴールできた!」という快感を得られるからです。じっくりと考えて何度も試行錯誤したあとの達成感も、潜在的な魅力でしょう。

どんなに勉強が嫌いな子でも、めいろを前にすると自然に解き始めるものです。そして、行き止まりにぶつかるなどして行ったり来たりを繰り返すうちに、どうすればゴールできるかを予測し始めます。この考える過程で「あと伸び」に必要な力が自然に育まれていくのです。なかには「うちの子は何も長続きしないし夢中にならない」と嘆くかたもいますが、めいろが意欲まで育ててくれる過程を幾度となく見てきました。

遊ぶだけで数理センスが磨かれる

本書のめいろは、花まる学習会グループのなかでも特に数理の力を伸ばすことが得意で、子どもたちを有名中学へと導いてきただけでなく、のちに東大や医大などの難関大学へ進学した生徒を多く輩出した「アルゴクラブ」の講師陣が作成しました。付与されたルールを守りつつめいろの構造を見抜くことで、集中して考えるという大切な学びを多方面からできるよう設計してあります。だから解くだけで自然に数理センスが身についていくのです。

シンプルなものから、立体の構造を見抜いたり、見えないルールを頭のなかで補完したりすることが必要な、大人でもパッと答えを出すのが難しいものまで難易度順に紹介していますが、「やりたい!」と思っためいろから始めてくださってかまいません。もちろん解けないものがあったらどんどん飛ばして結構です。「簡単すぎる」「これは難しい」など、一つひとつに集中するうちに、脳の複数の領域が活性化されていきます。

意欲を呼ぶ「渡し方」とは

本書は未就学のお子さんでも楽しめるように構成しましたが、お子さんに買い与える場合には気をつけてほしいことがあります。それは、本人の意欲に焦点を当てること。一例ですが、コツを示します。

まず、すぐに渡さず、さりげなく隠しておきましょう。隠すといっても、リビングにある別の本の下に置いて、表紙がチラッと見える程度にすればOKです。そして、お子さんが見つけるまでじっと我慢しましょう。子どもは新しいものに敏感ですから気づくはずです。

子どもは自分で「発見」すると、好奇心のエンジンがかかります。逆にいうと、大人が熱心にすすめたり、思わせぶりに渡したりすると興味を失うことが往々にしてあるのです。

せっかく買ったんだからと、「頭がよくなるよ!」とか「おもしろいからやってごらん!」などと言いたくなる気持ちもわかりますが、それでは子どもの意欲を削いでしまいます。

最高の仕事は共感すること

発見させ、興味を持ったら放っておいてください。

もし何か聞かれたら、そのことにだけ答えればOKです。間違っても「こうすれば簡単なのに」とか「なんでこんなやり方するの」などと、「指導」をしないであげてください。

楽しいはずのめいろが「作業」のようにこなすだけになってしまったら台無しですし、脳も活性化しません。

「できた!」と教えてくれたら、その喜びに思いきり共感してあげるのが、大人にできる最高の仕事です。

ぜひ、お子さんを信じてください。

自ら道を選び、試行錯誤しながら成功体験を得ることこそが得難い経験です。それが「本当に頭のいい子になってほしい」という願いを叶える、いちばんの近道なのですから。

あそびかた

ルールを まもって、
スタートから ゴールまでいこう。
ただし おなじみちを とおっては いけないし
あともどりも できないよ。

2

ルールを
おぼえたら
めいろに
ちょうせん！

1

さいしょに
めいろの
ルールを
おぼえよう

めいろごとの ルールは
さいしょの ページに
かいて あるよ。

おなじ しゅるいの
めいろは 4つ。
すこしずつ むずかしく
なっていくよ。

おわったら
おまけもんだいも
やってみてね!

解けなくて困ったときは?

本書のめいろの多くはシンプルなつくりですが、そこにさまざまなルールを加えることで、ゴールまでの道が見えたときの喜びが増幅されるよう設計されています。それゆえ目で追うだけ、あるいは指でたどるだけでは難しいものもあるかもしれません。そういうときは「鉛筆で書き入れていいよ」などと伝えると解きやすくなるはずです。さらに、ゴールにたどりつけない道に×をつけるなどすると、正解への道を絞り込めます。

きりとって つかおう
あたま やわらか パズル

これを つかうと
ときやすくなる
めいろも あるよ。

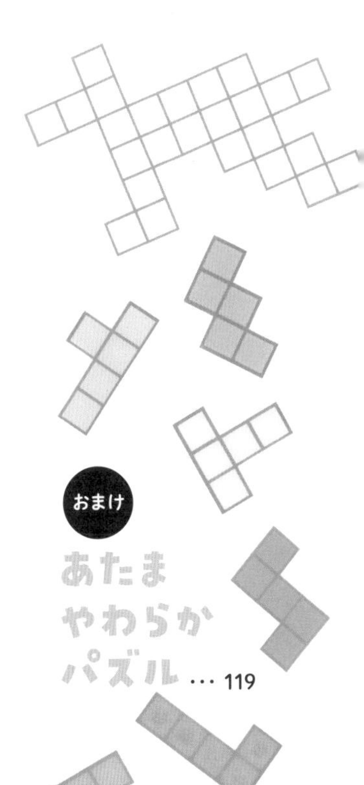

装幀　辻中浩一
装画　フジイイクコ

本文デザイン　regia（上條美来）
イラストレーション　RAS
DTP　髙本和希（天龍社）
校正　株式会社ぷれす
執筆協力　山本佳津江
作図協力　野口佳大

編集　小元慎吾（サンマーク出版）

とげとげ ちゅうい

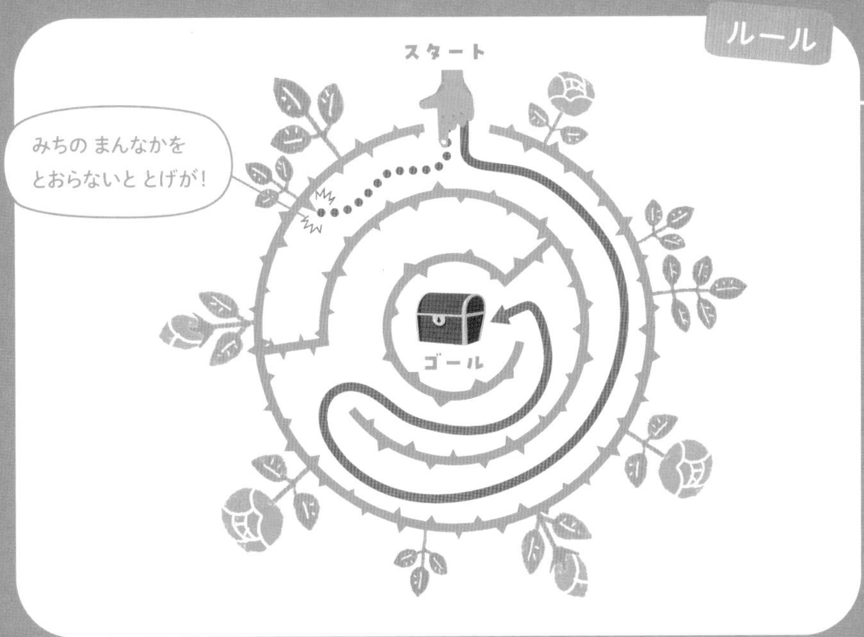

かく

上手に指を動かす

たからばこを とりに いこう！
とげに きをつけて みちを なぞってね。

1 とげに きをつけて みちを なぞってね。

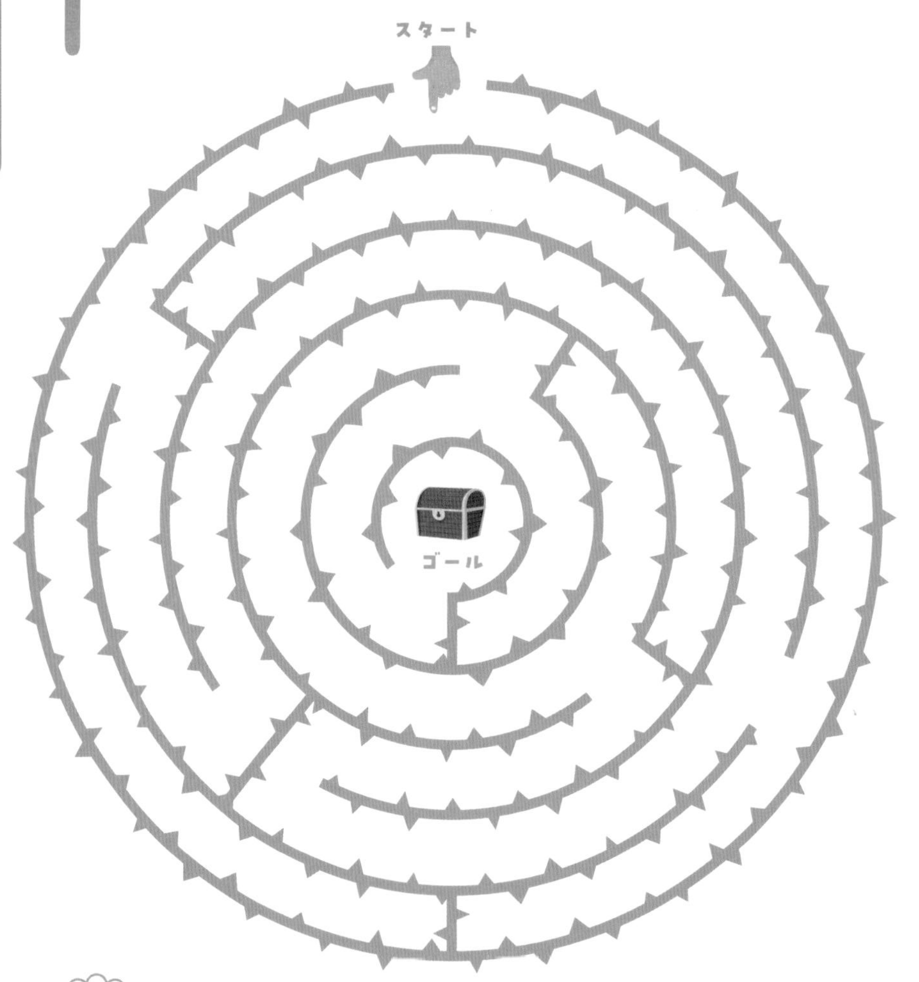

おまけもんだい 10びょういないで できるかな?

2 とげに きをつけて みちを なぞってね。

スタート

ゴール

おまけもんだい 15びょういないで できるかな?

3 とげに きをつけて みちを なぞってね。

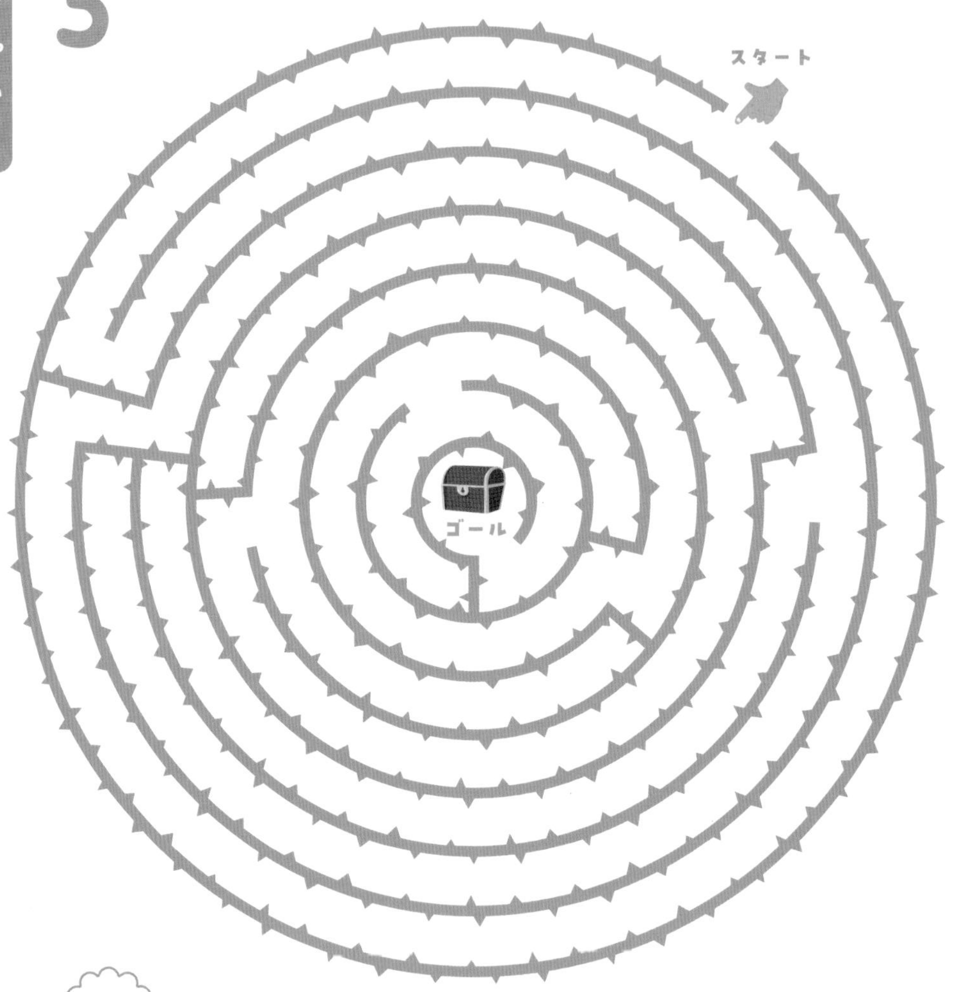

おまけもんだい 20びょういないで できるかな?

4 とげに きをつけて みちを なぞってね。

おまけもんだい 25びょういないで できるかな?

こたえ

うまくできたかな?

おうちのかたへ

思いどおりに線を描く

「運筆」とは、ものを描くときの筆(鉛筆)の動かし方のこと。文字学習の基礎とされることが多いですが、文字だけでなく、図形を正しく描き、空間を認識する際に必要な力の基礎にもなります。思ったとおりに指を動かす力は学習の土台であり、じつはとても重要です。

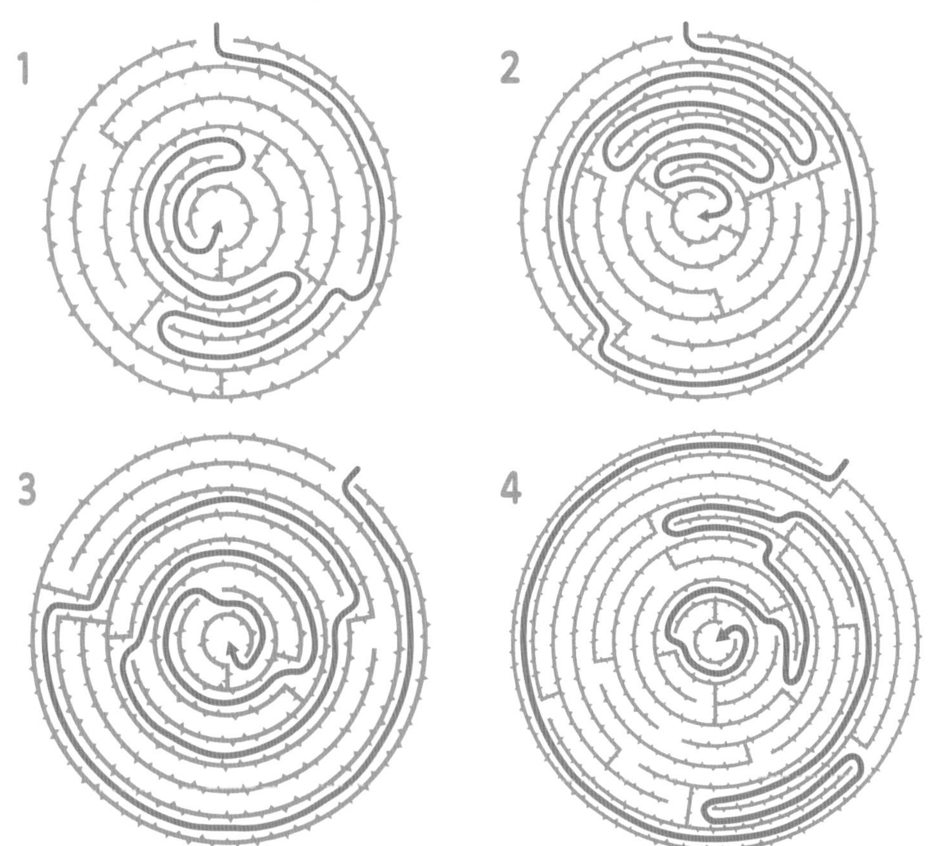

ありのすのもじ

おぼえる

遊びながら文字に親しむ

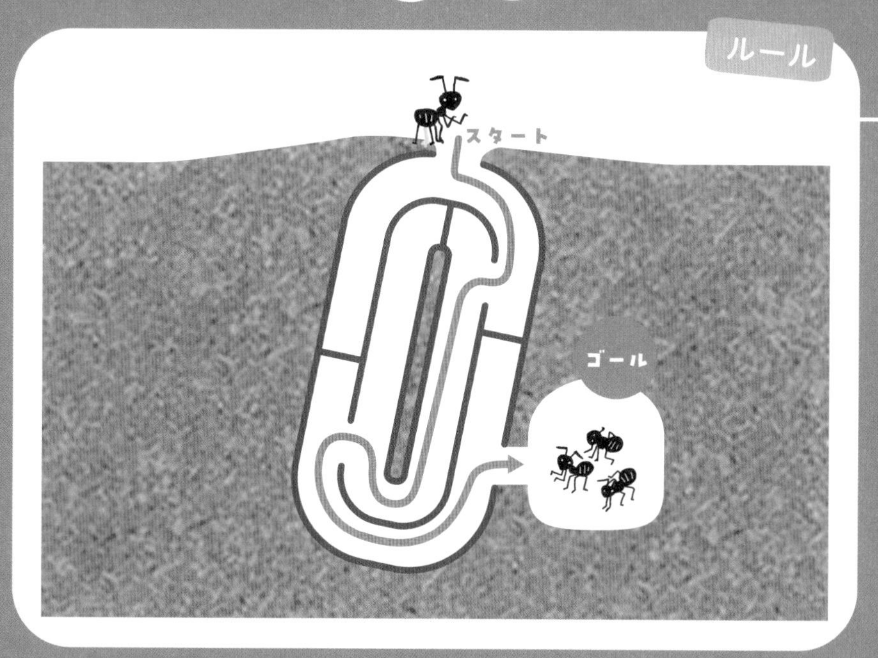

もじの かたちに なっている ありのす。
ありさんは おうちに かえれるかな?

1 ありさんは おうちに かえれるかな？

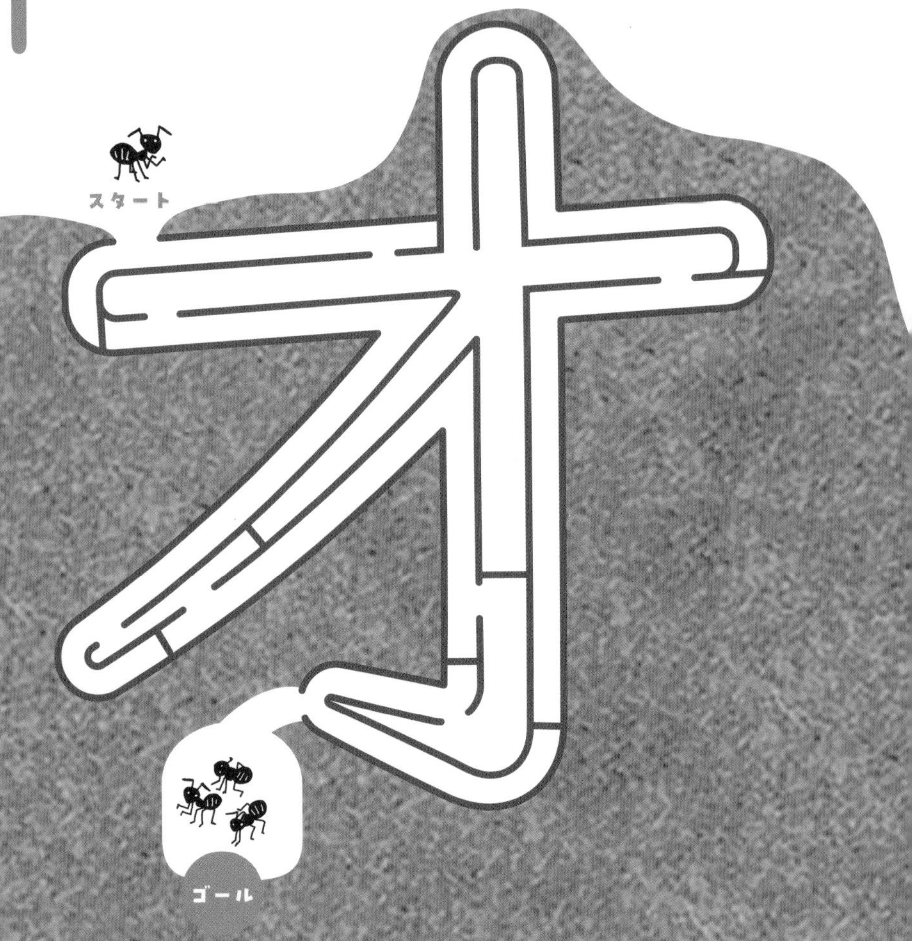

おまけもんだい きいろと あおを まぜると どんないろ？ →こたえは22ページ

2 ありさんは おうちに かえれるかな?

なんで あかしんごうは「とまれ」なの? →こたえは22ページ

3 ありさんは おうちに かえれるかな？

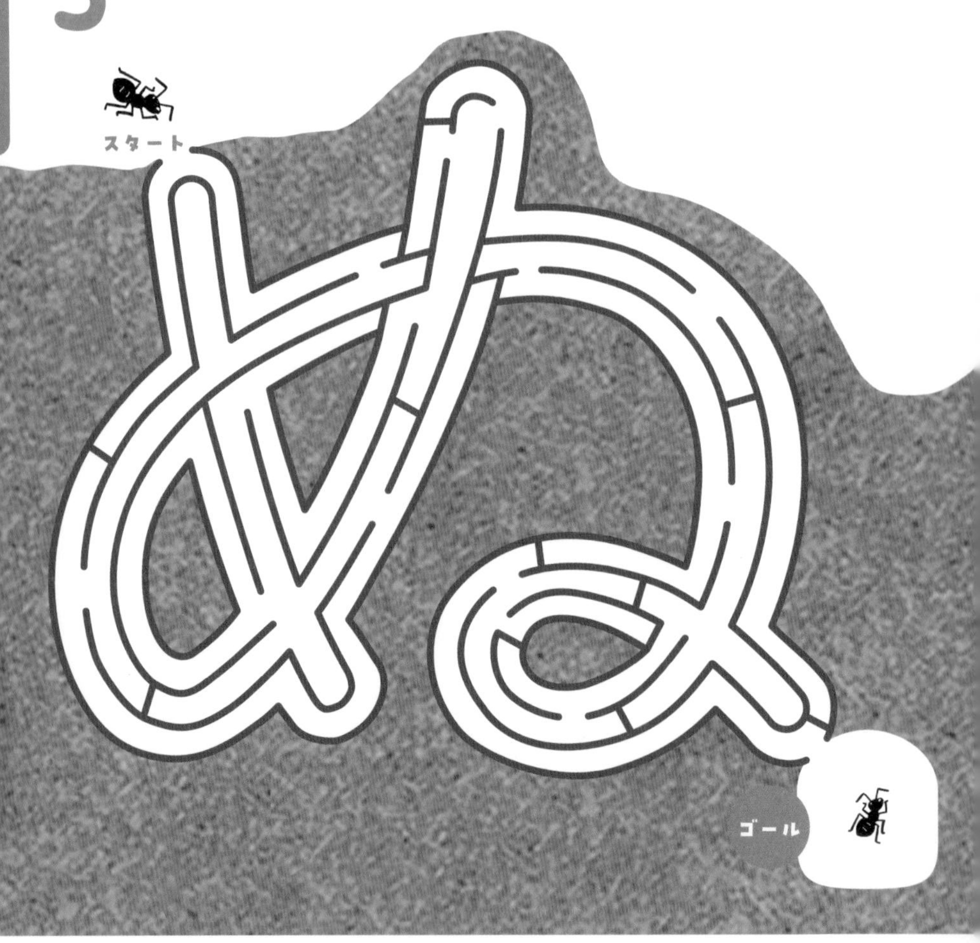

おまけ もんだい おならを がまんすると どうなる？ →こたえは22ページ

4 ありさんは おうちに かえれるかな?

おまけ もんだい ①〜④で ありさんは ぜんぶで なんびき いたかな?

→こたえは22ページ

こたえ

うまくできたかな?

おうちのかたへ

何でも「遊び」にできる

子どもは新しい知識を得ることが大好きですが、気づくと「勉強」がイヤになっているとご相談をいただくことがあります。おすすめなのが何でも遊びに変えてしまうこと。これは、ぜひ幼児期に身につけてほしい、よい思考のクセでもあります。「このページに『あ』の文字は何個ある?」と聞くなど、遊びにすることで楽しみながら学べます。

1

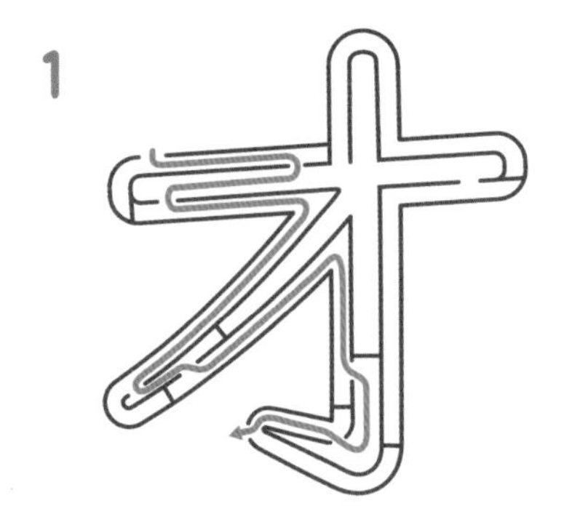

2

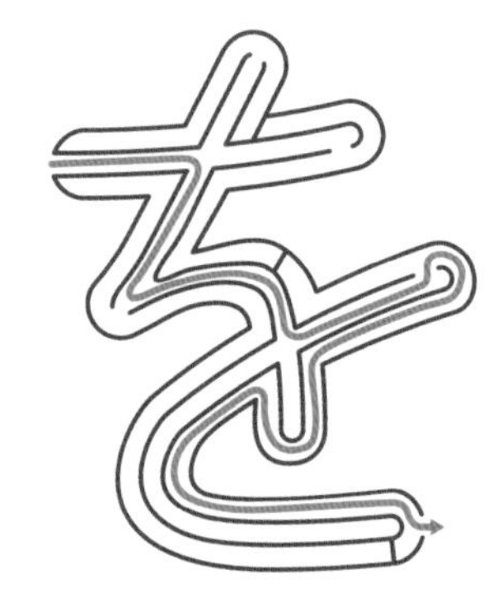

3

4

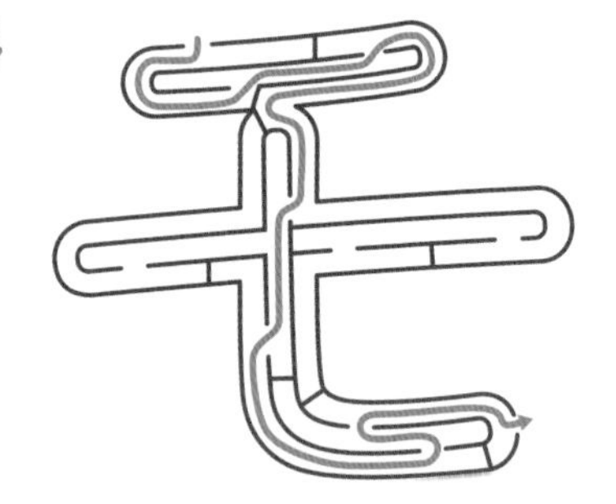

おまけもんだい

①みどり　②「とまれ」が いちばん だいじだから いちばん めだつ あかが つかわれたよ

③おなかの なかの「ちょう」に きゅうしゅうされる

④13びき

すべって のぼって

みる

細部まで観察する

ルール

いちばんの ちかみちで
かぎを ひろって もどろう。

1 いちばんの ちかみちで かぎを ひろって もどろう。

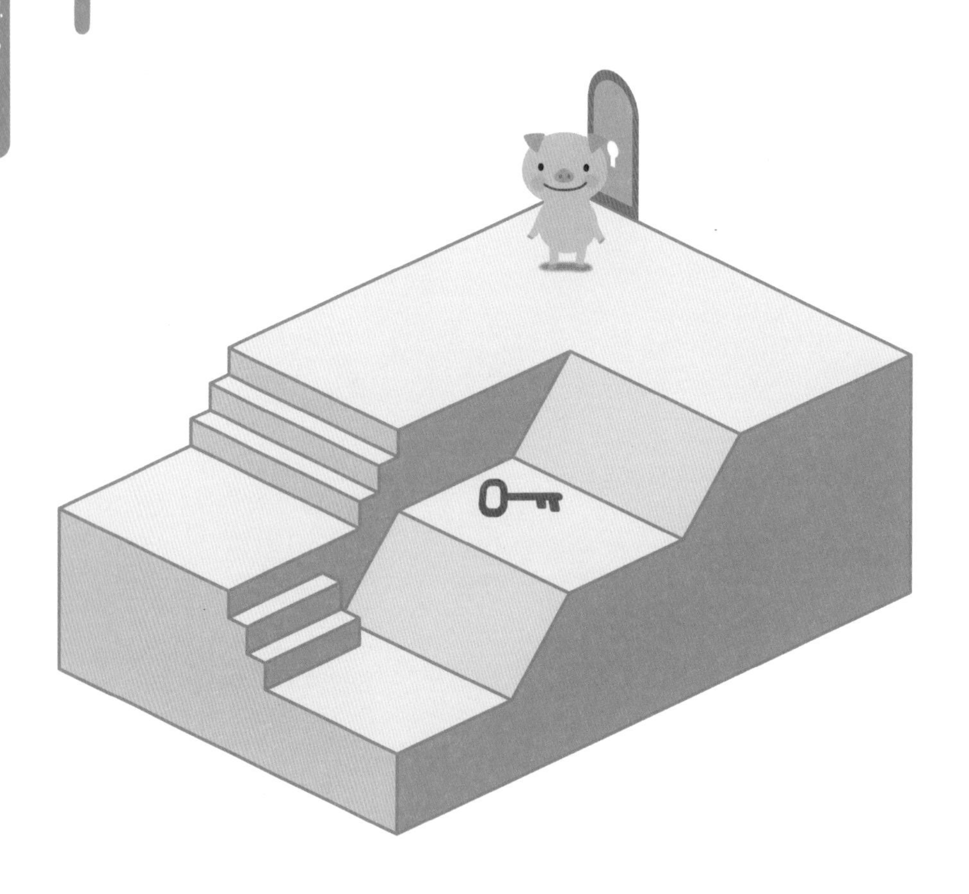

すべりだいは なんかい すべったかな?

→こたえは28ページ

2 いちばんの ちかみちで かぎを ひろって もどろう。

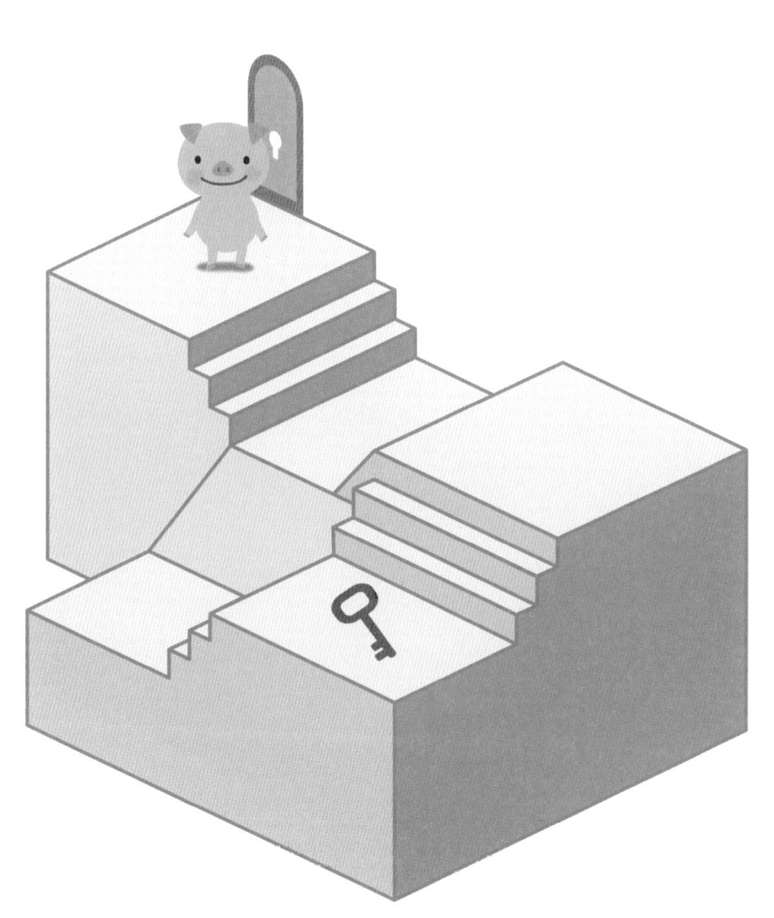

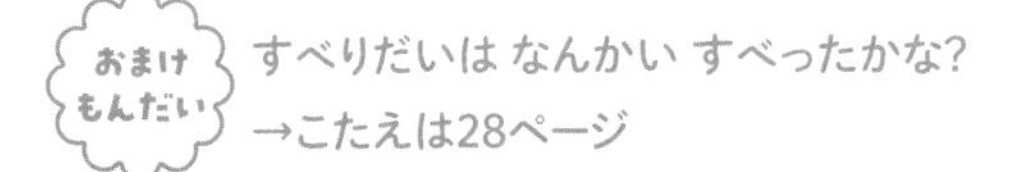

すべりだいは なんかい すべったかな?

→こたえは28ページ

3 いちばんの ちかみちで かぎを ひろって もどろう。

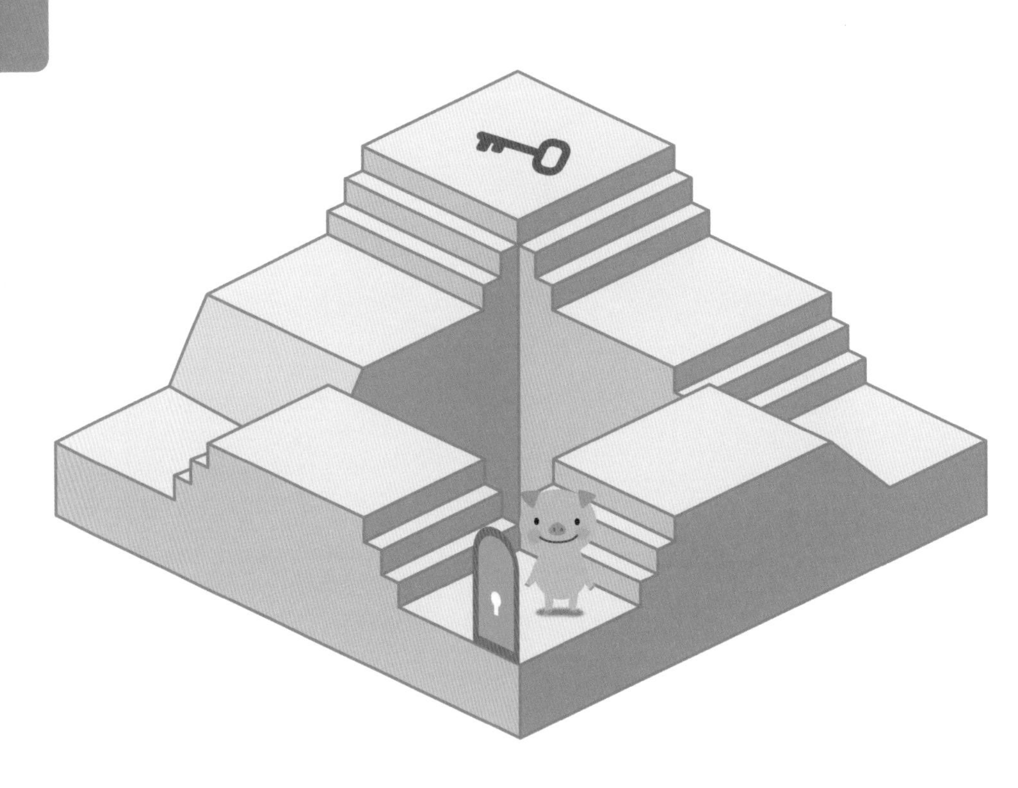

おまけもんだい すべりだいは なんかい すべったかな？ →こたえは28ページ

4 いちばんの ちかみちで かぎを ひろって もどろう。

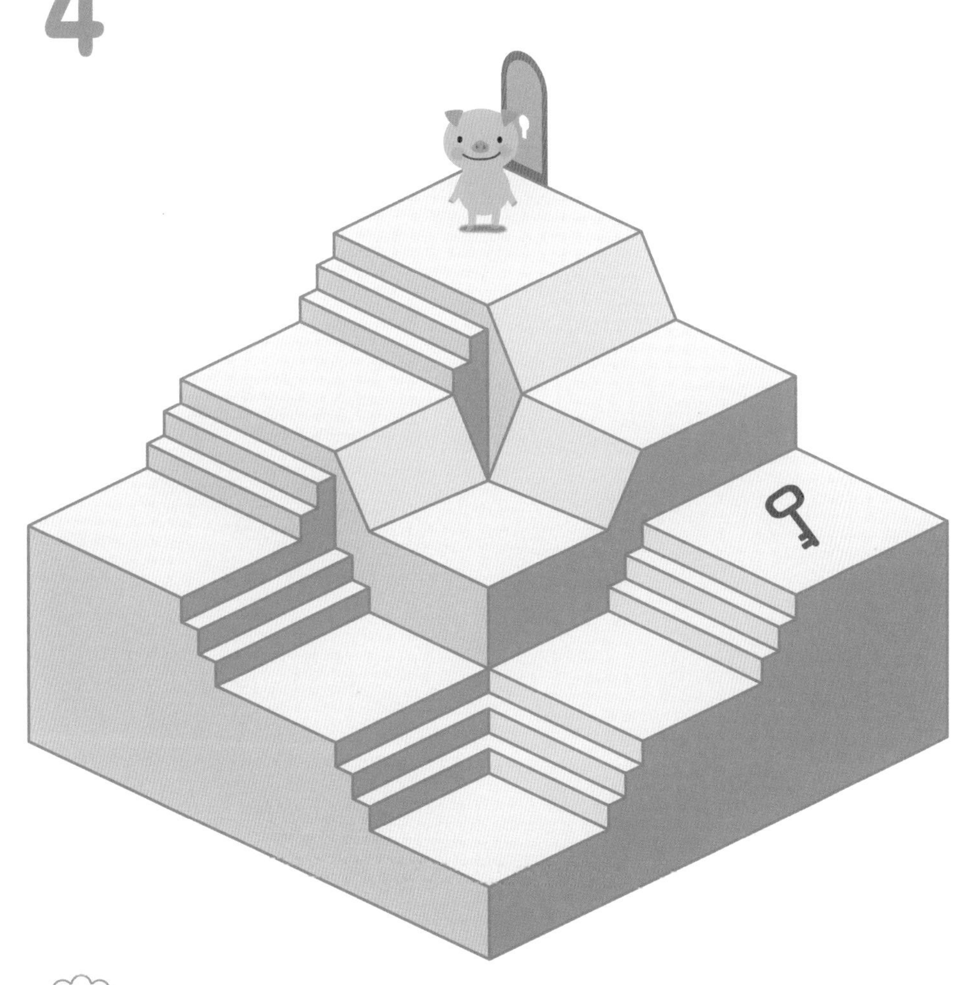

おまけ もんだい　すべりだいは なんかい すべったかな?　→こたえは28ページ

こたえ

うまくできたかな?

おうちのかたへ

細かな違いがわかる観察力

階段とすべり台、そして垂直の壁は、それぞれ上り下りできるかどうかのルールが異なります。それらを正しく認識し、ときにはわずかに見えている部分だけで判断する必要があります。それなりに高度なことをしているのですが、こうした遊びのなかで行うことで、楽しみながら、細かな点に気づく観察力を自然と身につけることができます。

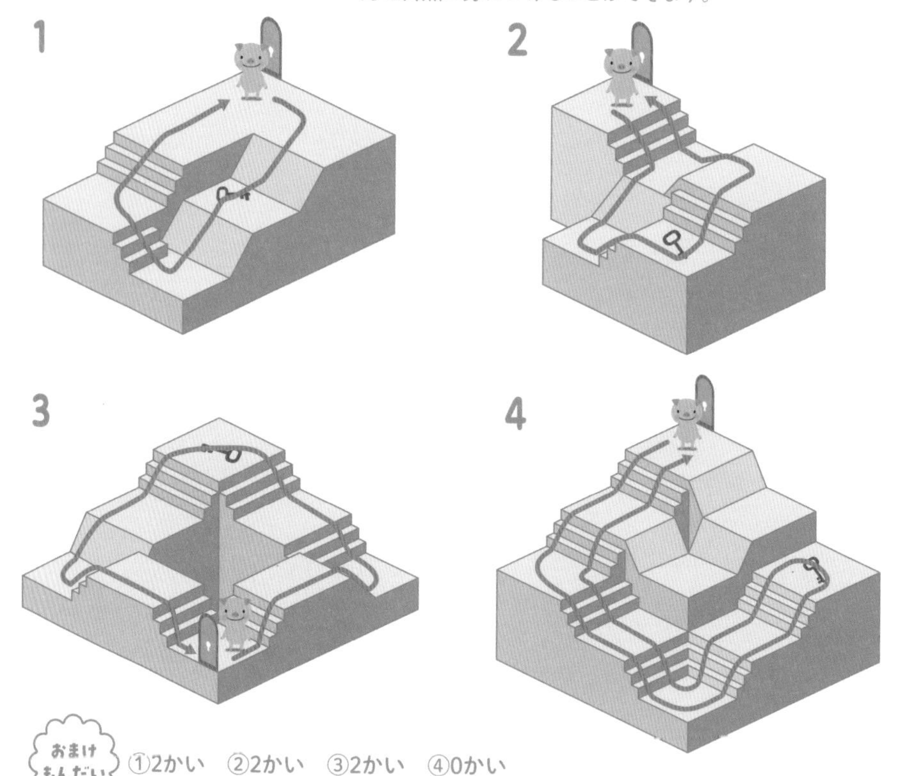

おまけもんだい ①2かい ②2かい ③2かい ④0かい

もじの かくれんぼ

みわける

必要な線だけを抽出する

ルール

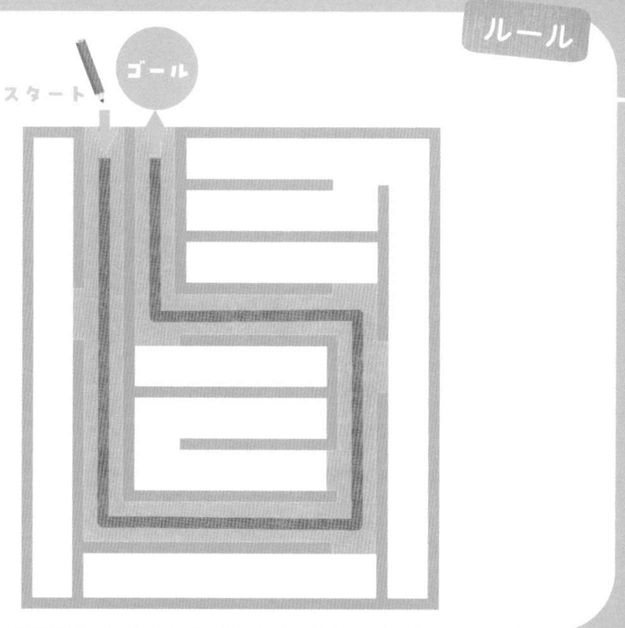

スタートから ゴールまでのみちに いろを ぬると
なにかの もじが でてくるよ。

あ、「6」かな!?

1 スタートから ゴールまでのみちに いろを ぬると なにかの もじが でてくるよ。

2 スタートから ゴールまでのみちに いろを ぬると なにかの もじが でてくるよ。

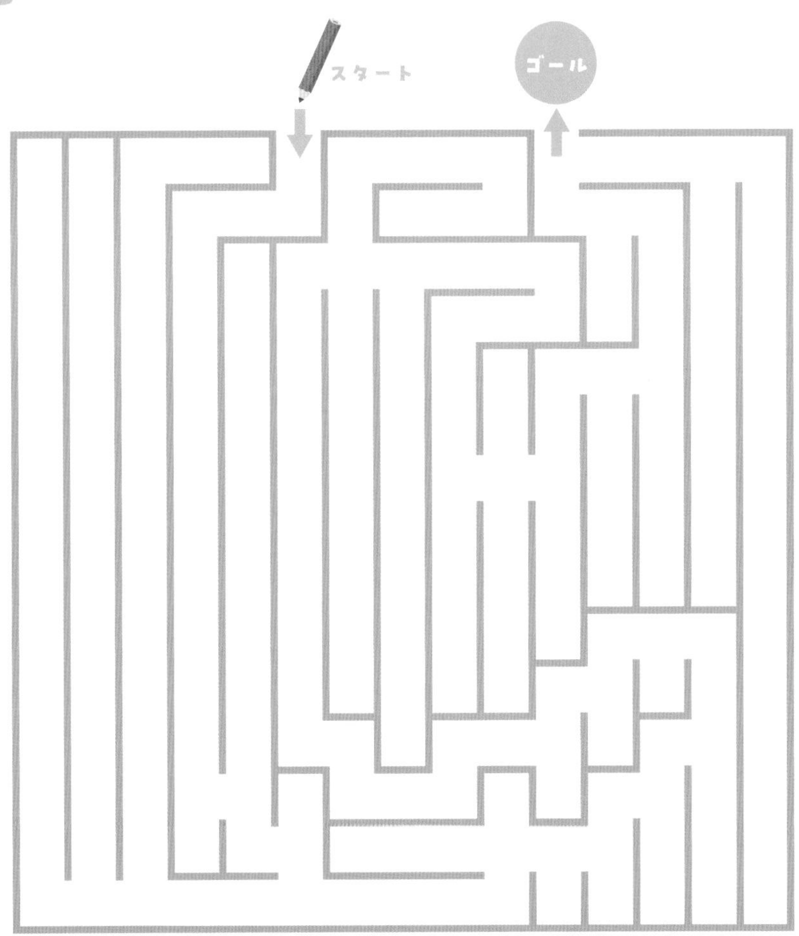

3 スタートから ゴールまでのみちに いろを ぬると なにかの もじが でてくるよ。

4 スタートから ゴールまでのみちに いろを ぬると なにかの もじが でてくるよ。

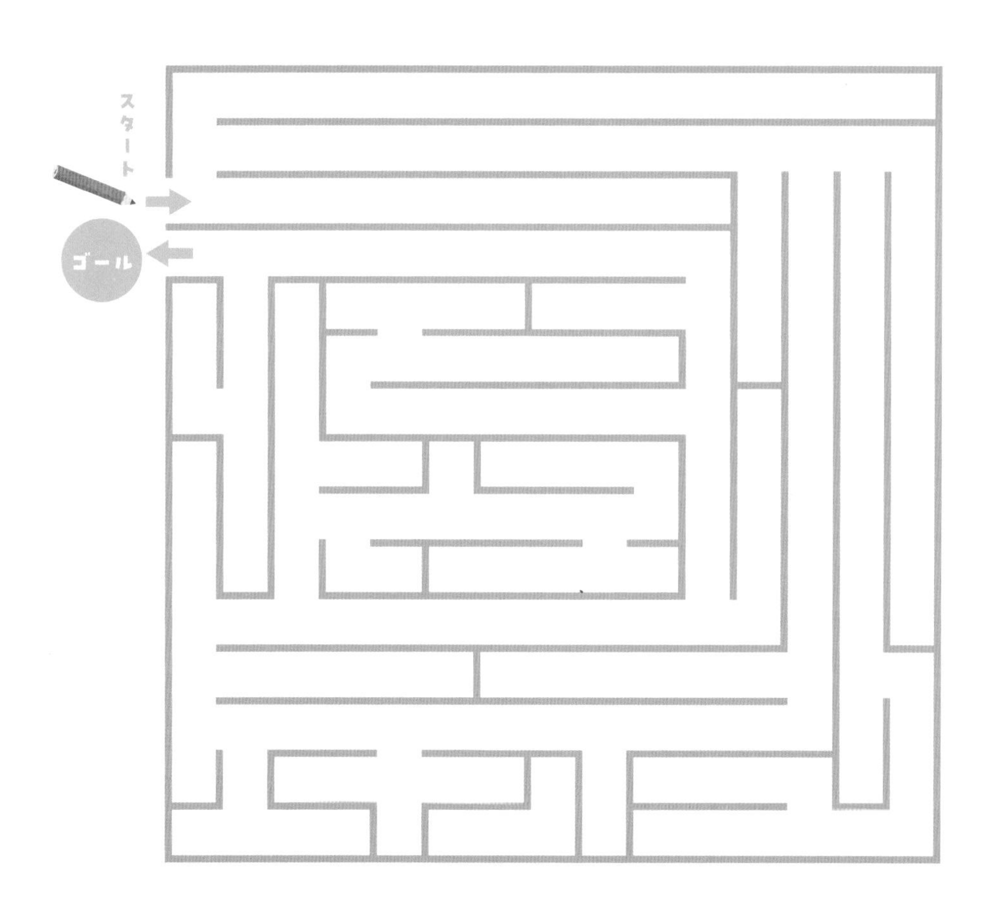

こたえ

うまくできたかな?

おうちのかたへ

めいろで身につく「先を読む力」

このようなタイプのめいろが得意な子は「正解ルートが光って見える」と話します。それは、瞬時に複数のルートの先まで読めるからです。この力を育むには、楽しみながら数多く取り組むこと。ここではさらに、正解ルートが文字の輪郭になるという課題も。正解ルートを確認することで取り組む量は2倍になり、線を浮かび上がらせる練習になるでしょう。

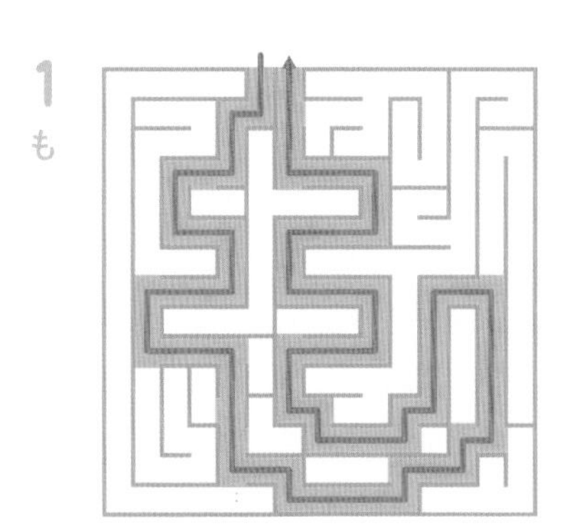

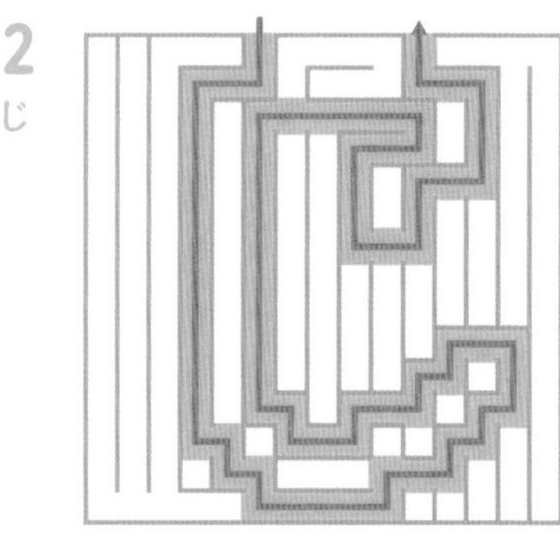

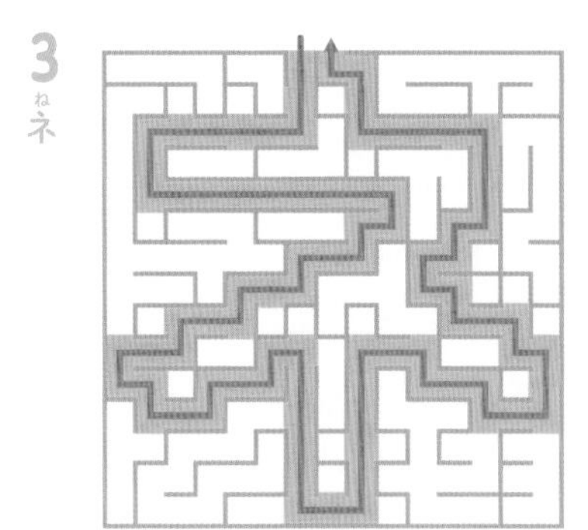

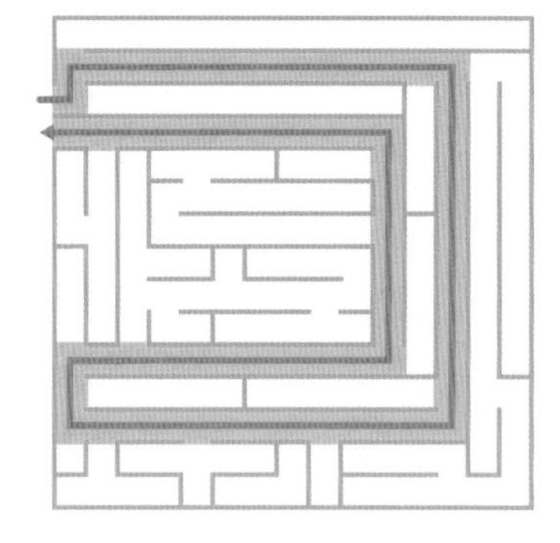

のぼったり おりたり

みる

条件を把握する

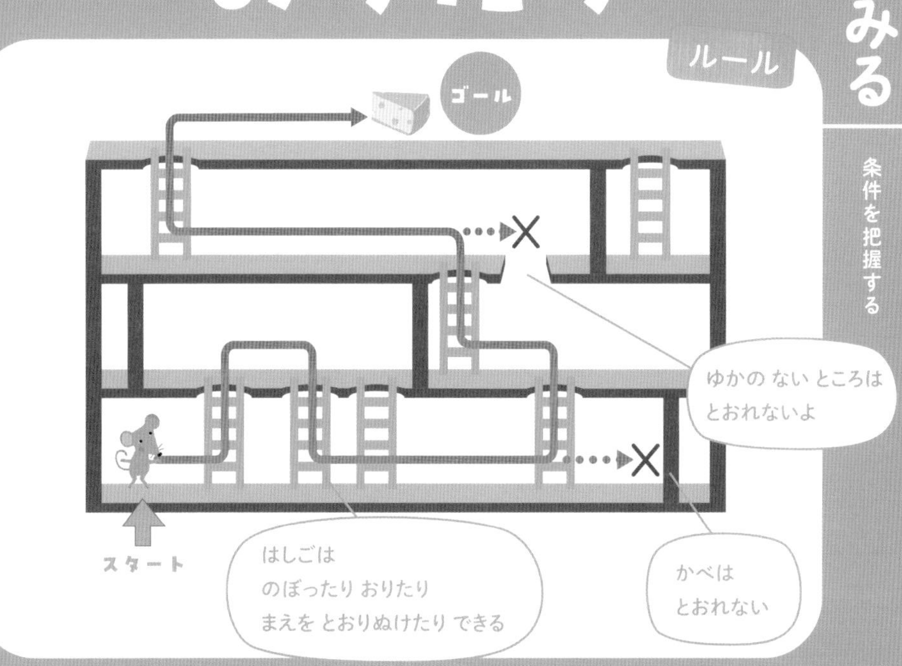

はしごを のぼったり おりたりして
チーズ(ちーず)を ゲット(げっと)!

1 はしごを のぼったり おりたりして チーズ(ちーず)を ゲット(げっと)!

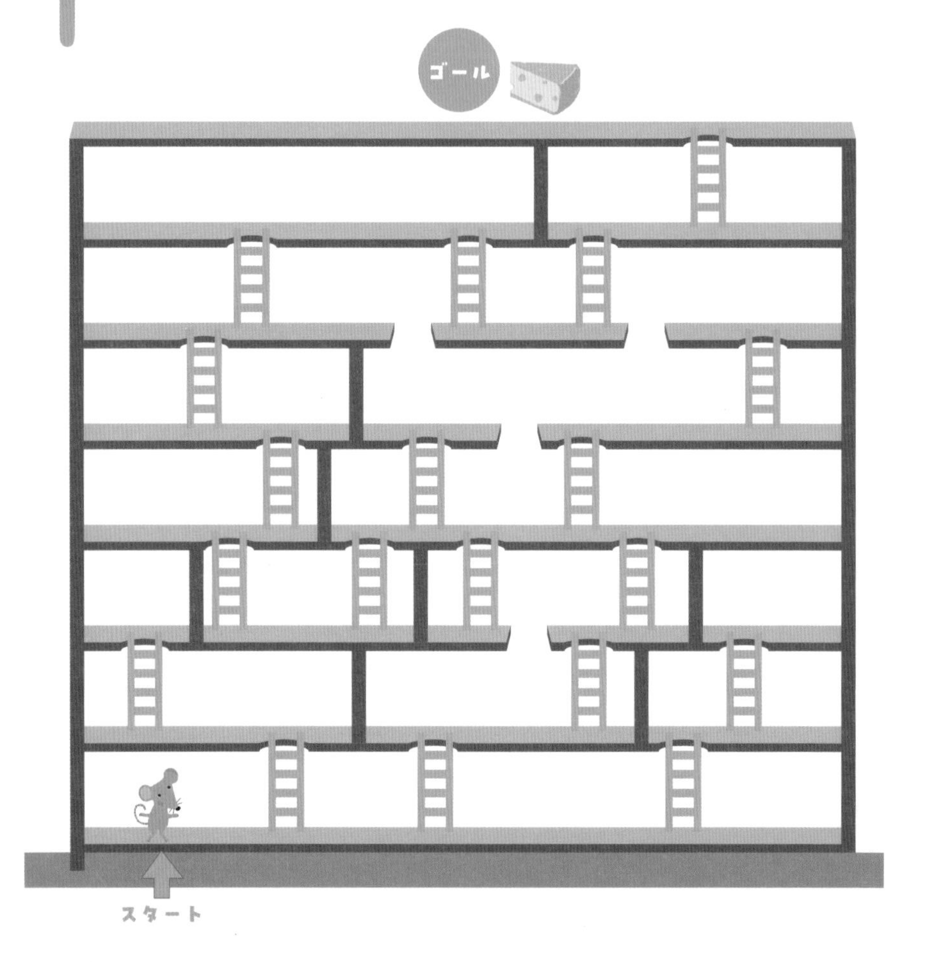

おまけもんだい しまうまの もようは どうしてあるの？ →こたえは40ページ

2 はしごを のぼったり おりたりして チーズ(ちーず)を ゲット(げっと)!

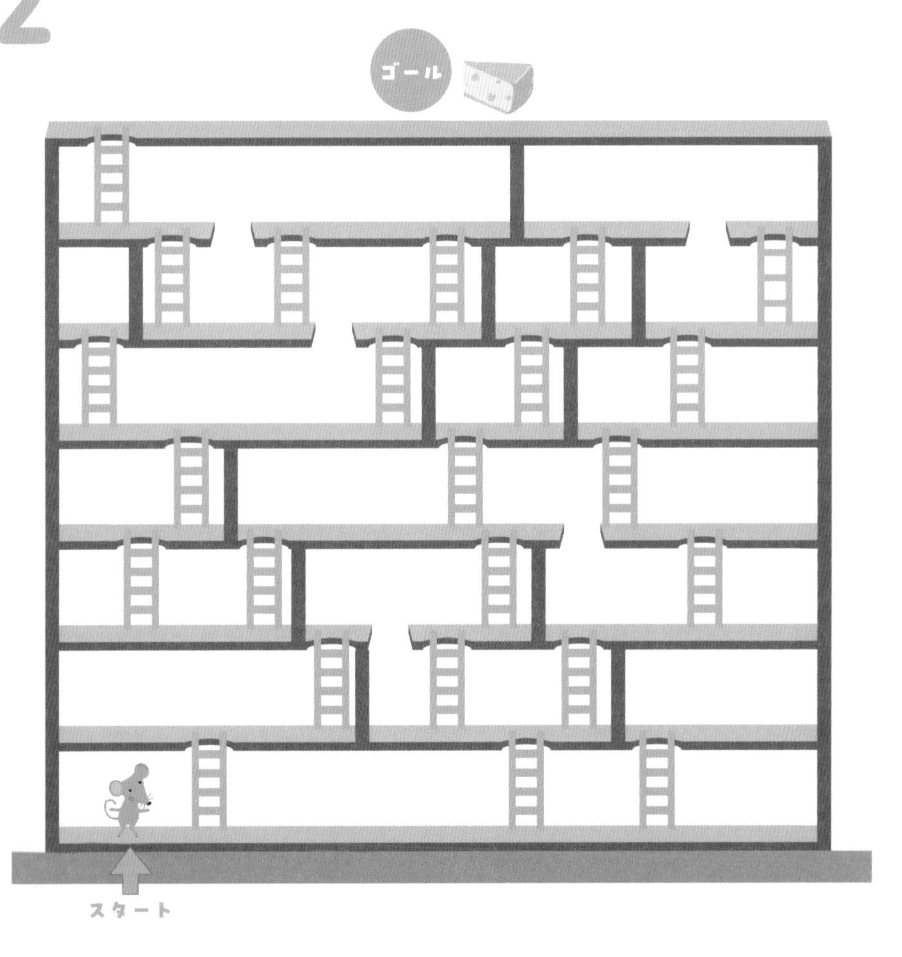

おまけもんだい きりんが よこになって ねる じかんは どのくらい? →こたえは40ページ

3 はしごを のぼったり おりたりして チーズを ゲット!

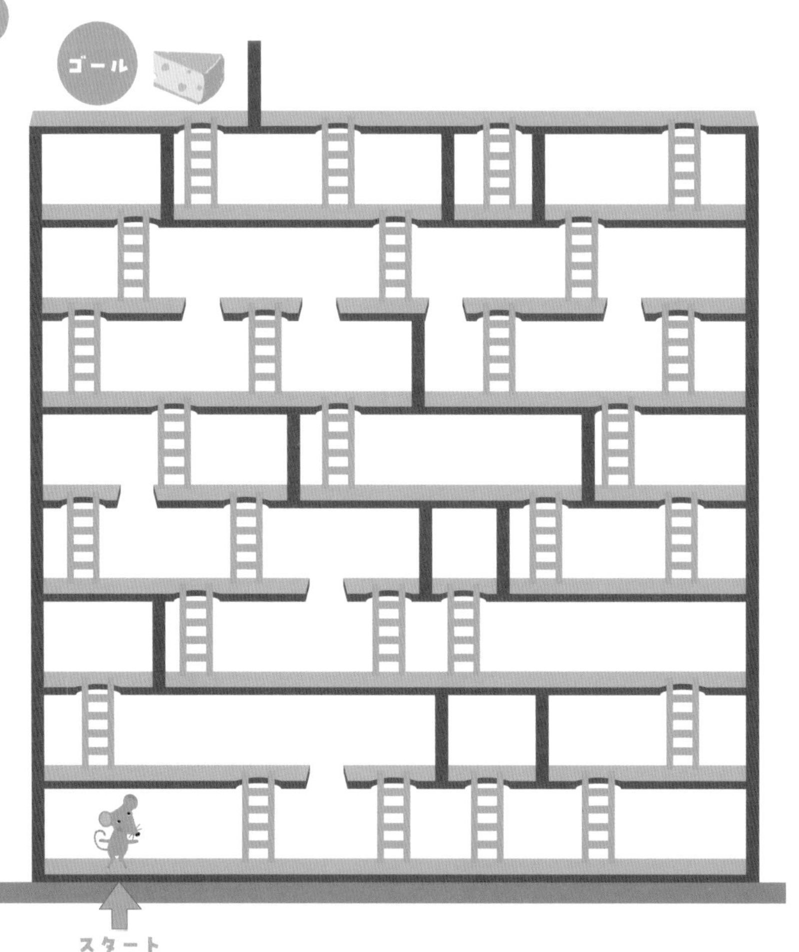

おまけもんだい ①〜③の めいろに 1つだけ ちがう はしごが あったよ。どれかな?
→こたえは40ページ

4 はしごを のぼったり おりたりして チーズを ゲット!

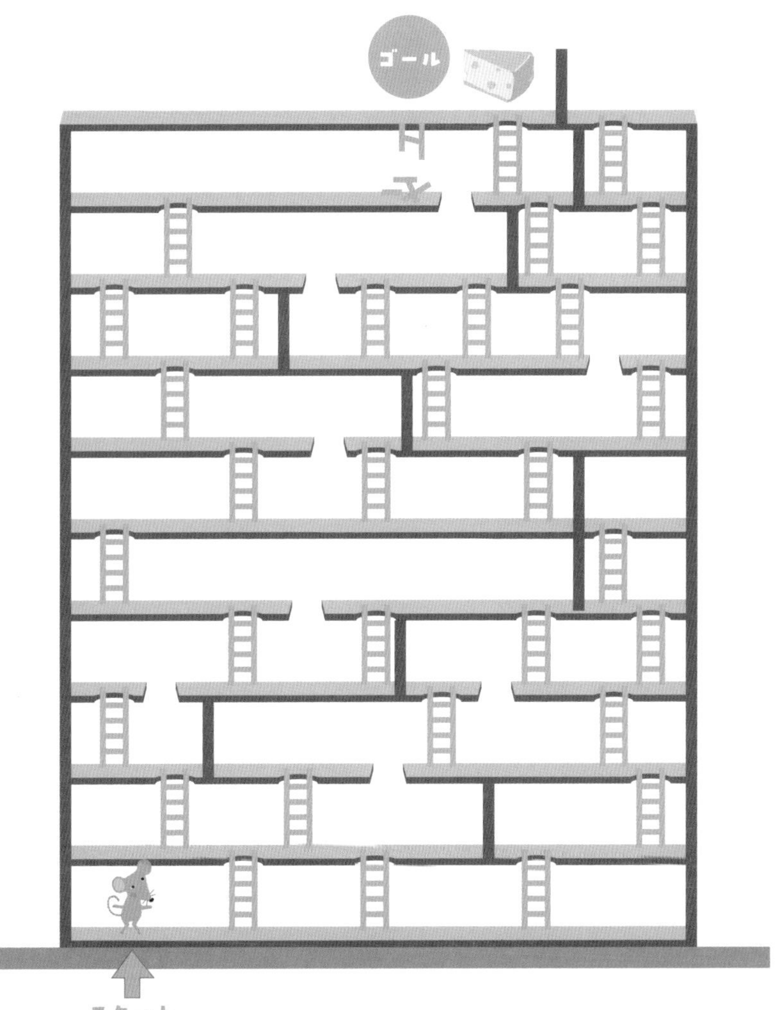

こたえ

1

2

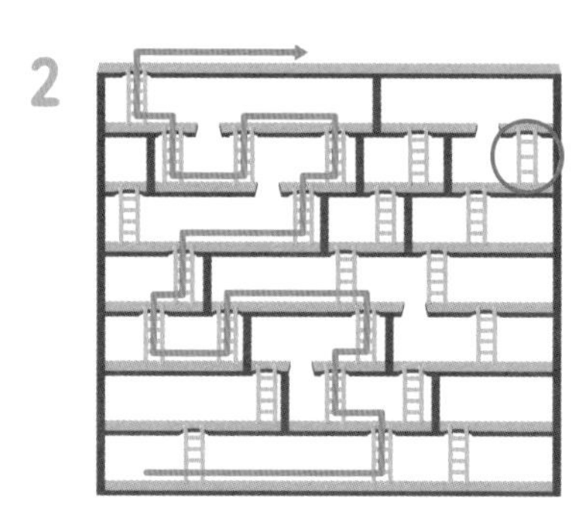

3

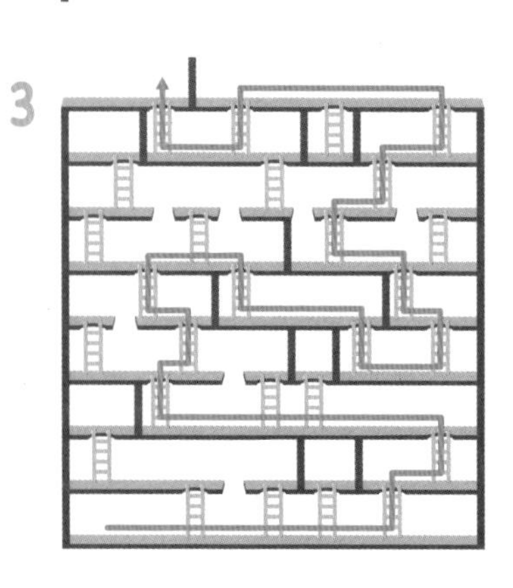

4

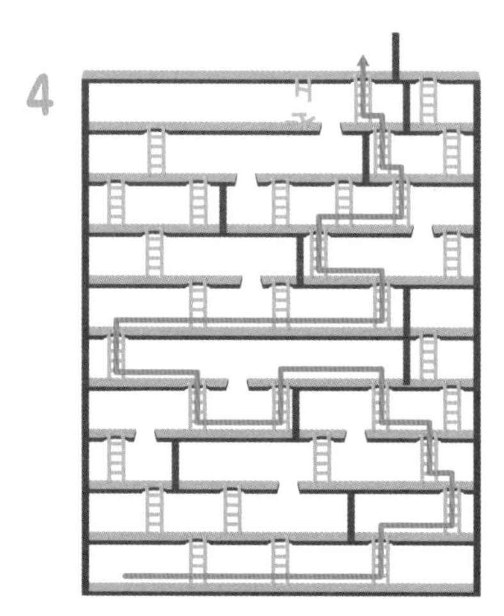

おまけもんだい

①むしに さされないため、てきに きづかれないため、たいおんを さげるため などと いわれているよ

②よこになって ねるのは すうふん。あとは たったまま ねると いわれているよ

③うえの ずの あおまるの ところだよ

いそいで かびんに

とらえる

ルールを駆使し選択肢を絞る

ルール

「はじめに はな
つぎに かびん」を
くりかえそう

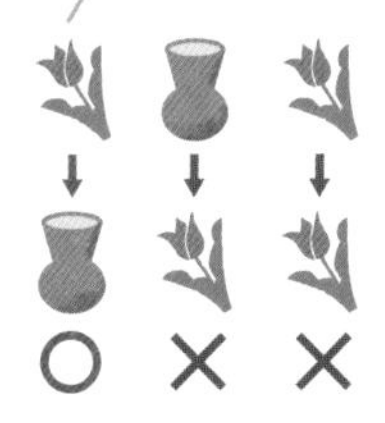

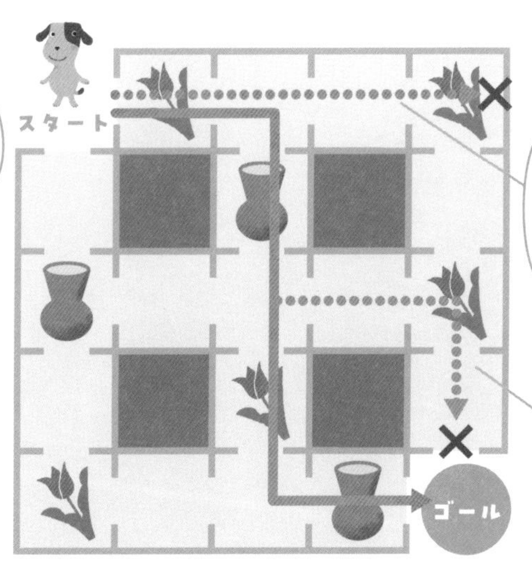

おなじものを
つづけて
とることは
できないよ

はなを
かびんに いれないと
ゴールできないよ

すぐ かびんに いれないと かれちゃう
まほうの はなを つみながら すすもう！
はな→かびん→はな→かびん の じゅんに すすんでね。

1 はな→かびん→はな→かびんの じゅんに すすんでね。

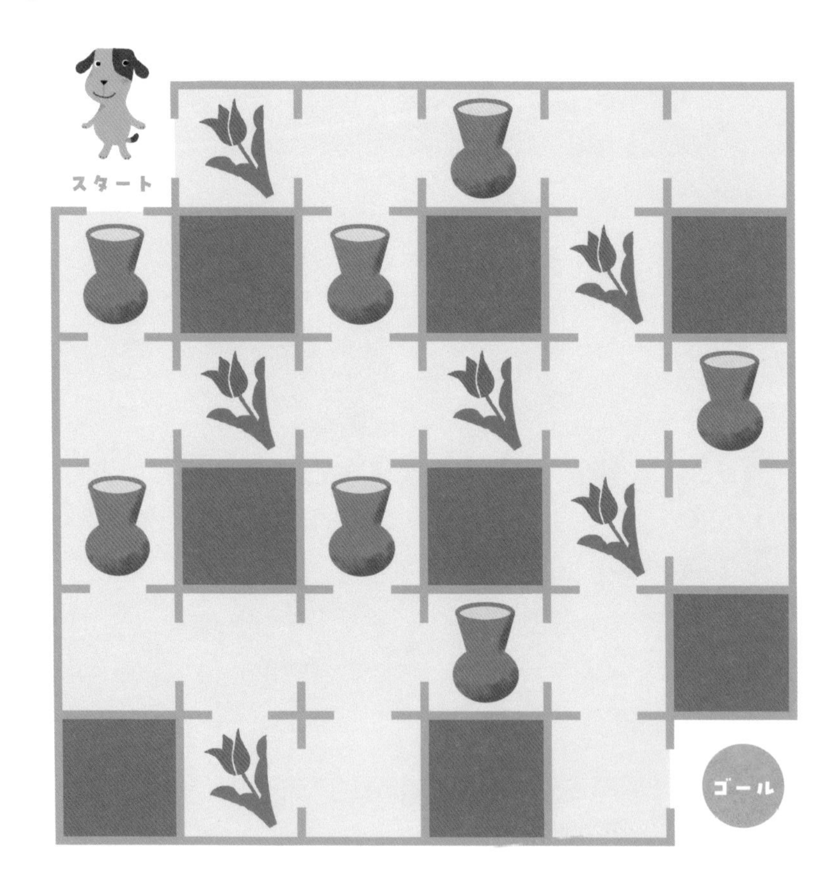

おまけもんだい くしゃみの はやさは どれくらい？ →こたえは46ページ

2 はな→かびん→はな→かびんの じゅんに すすんでね。

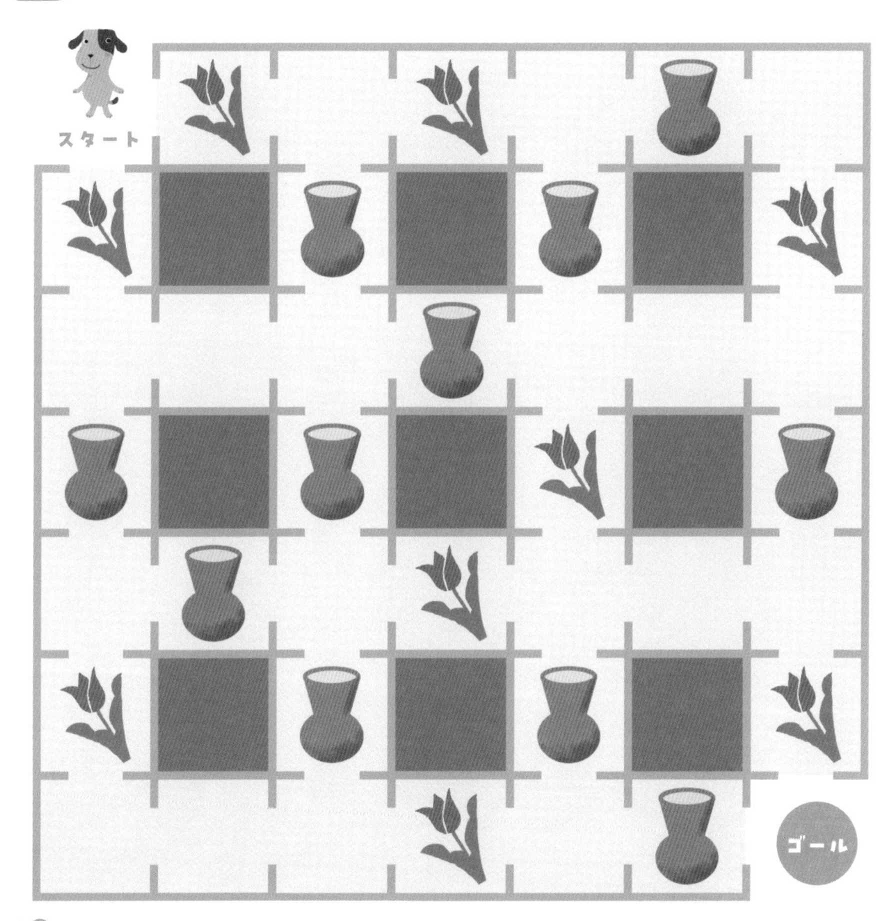

おまけ もんだい うみの みずは どうして しょっぱいの？ →こたえは46ページ

3 はな→かびん→はな→かびんの じゅんに すすんでね。

おまけもんだい やせいの どうぶつも むしばに なる？ →こたえは46ページ

4 はな→かびん→はな→かびんの じゅんに すすんでね。

おまけもんだい ①〜④のなかに 1つだけ すこし ちがう はなが あったよ。
どれかな？ →こたえは46ページ

1

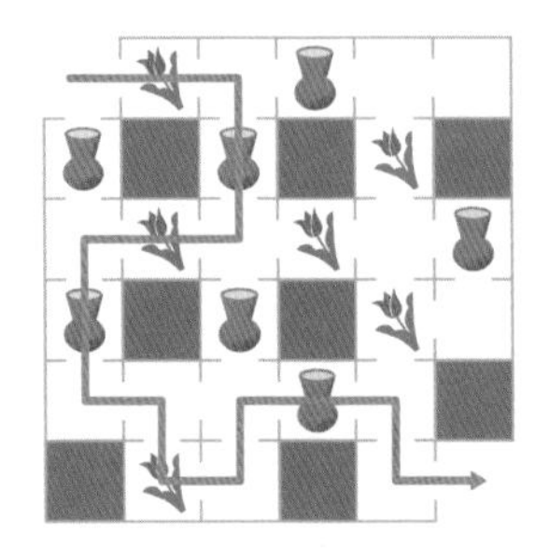

2

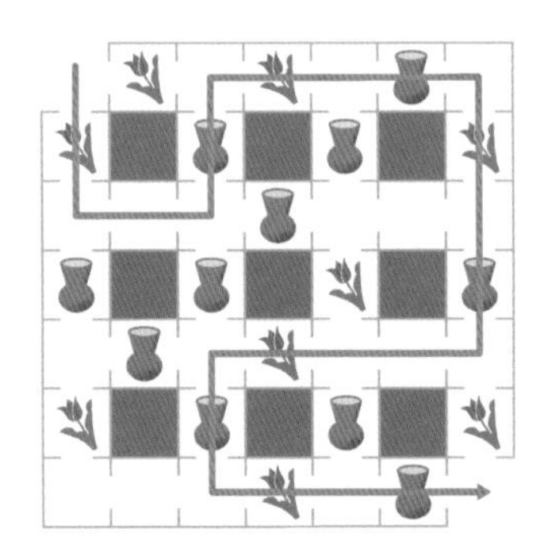

3

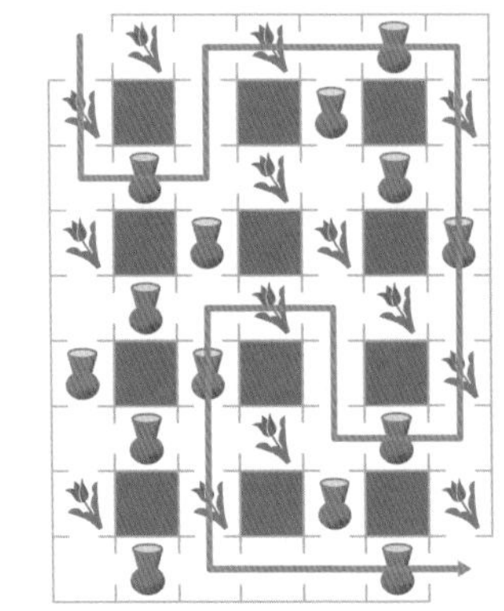

4

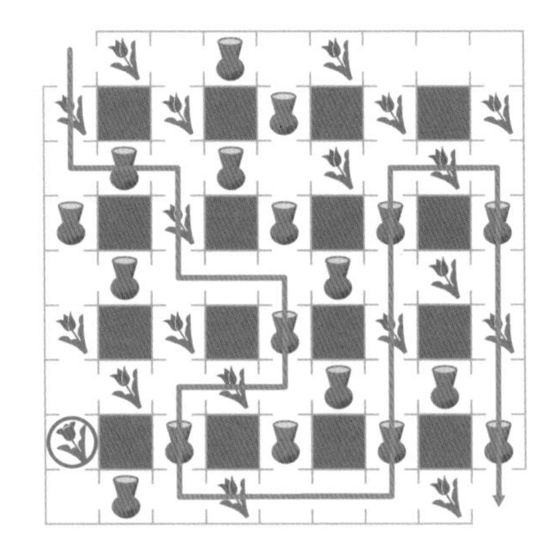

おまけもんだい

①しんかんせんと おなじくらいと いわれているよ

②むかし いわに ふくまれる しおが あめによって うみに とけだしたからと いわれているよ

③むしばの もとになる あまいものを たべないから むしばには ならないよ

④うえの ずの あおまるの ところだよ

じゃんけん ひろば

まもる

ルールに従って考える

スタートから ゴールまで パー（ぱー）➡チョキ（ちょき）➡グー（ぐー）の じゅんに すすもう。

1 スタートから ゴールまで パー➡チョキ➡グーの じゅんに すすもう。

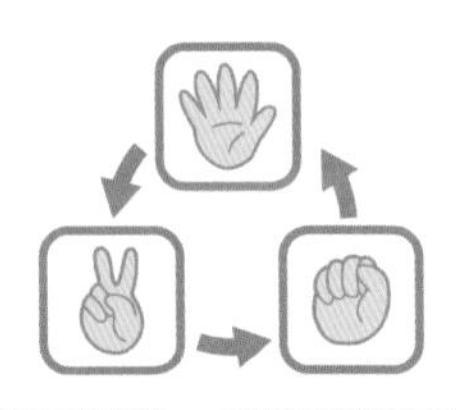

おまけ もんだい　おはしは どう かぞえる?　→こたえは52ページ

2 スタートから ゴールまで パー➡チョキ➡グーの じゅんに すすもう。

「ほんを たなに○○○」「ひなを○○○」「ボールを○○○」
みんな おなじ ことばが はいるよ。なにかな？ →こたえは52ページ

3 スタートから ゴールまで パー(ぱー)➡チョキ(ちょき)➡グー(ぐー)の じゅんに すすもう。

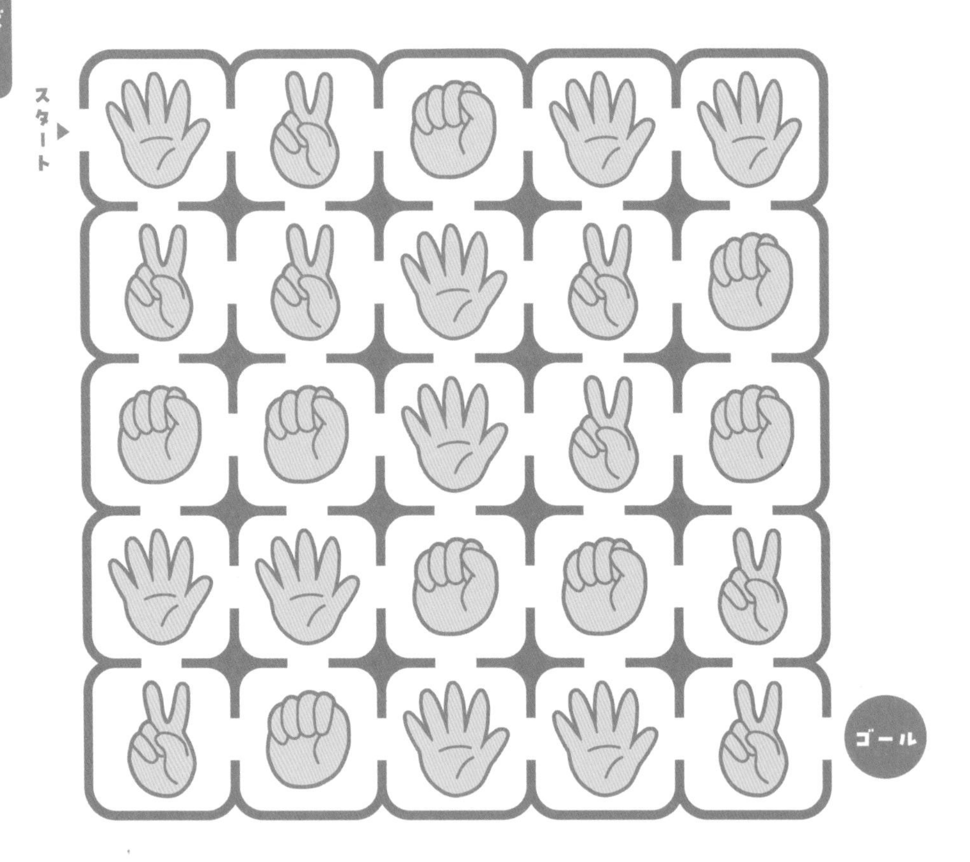

おまけもんだい 「おもちゃ」+「はこ」=「おもちゃばこ」。「あめ」+「おと」は？ →こたえは52ページ

4 スタートから ゴールまで パー➡チョキ➡グーの じゅんに すすもう。

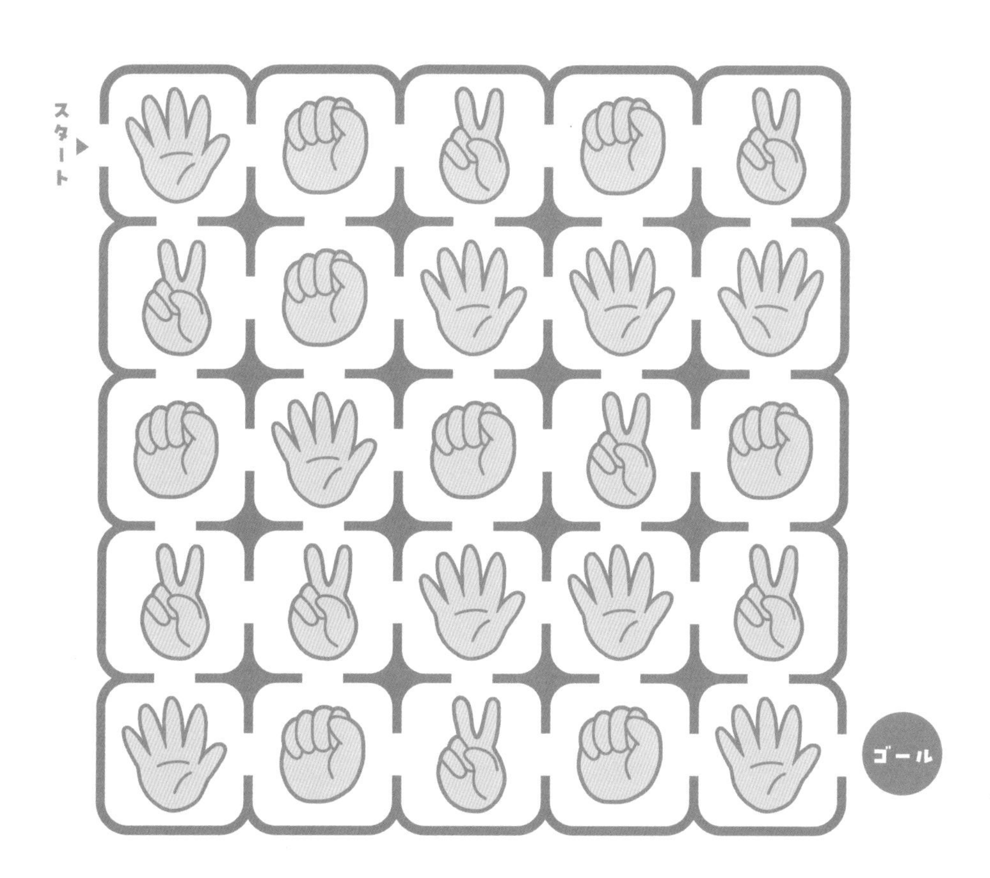

おまけもんだい ②〜④のなかに ほかとは ほんのすこしちがう パー チョキ グーが 1つずつ あったよ。どこかな？ →こたえは52ページ

こたえ

1

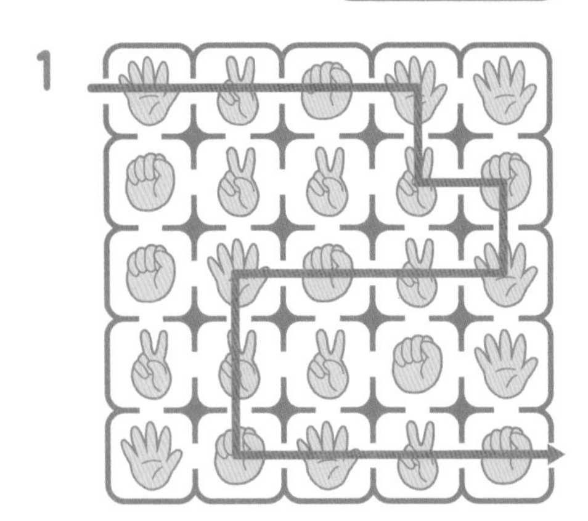

2

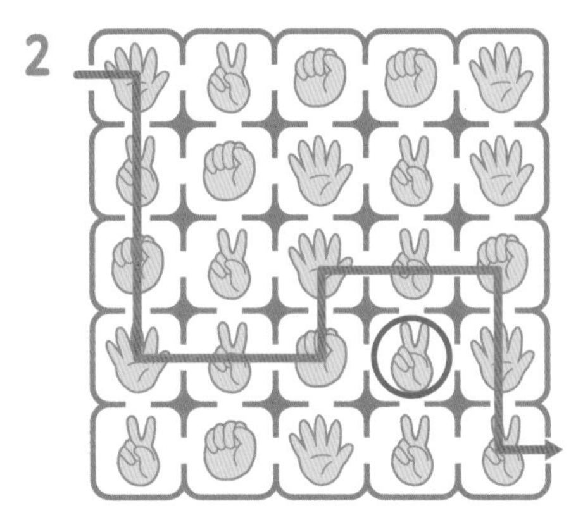

3

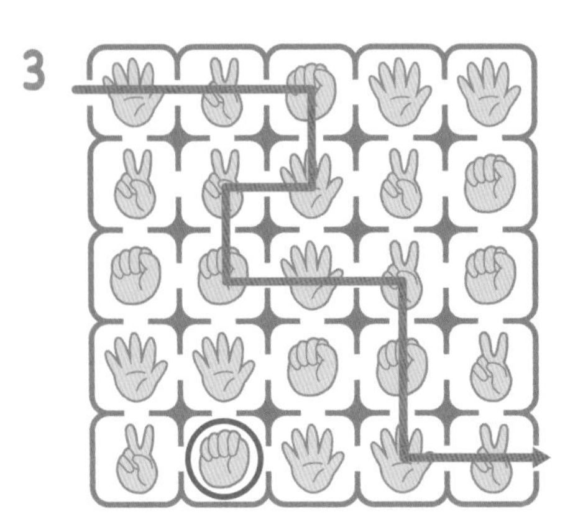

4

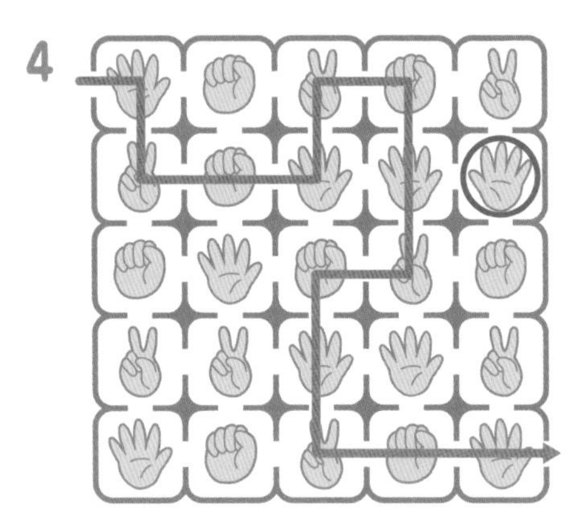

おまけもんだい ①「1ぜん、2ぜん」と かぞえる　②かえす　③あまおと
④うえの ずの あおまるの ところだよ

いわだらけの みち

ためす

試行錯誤し要点をつかむ

ルール

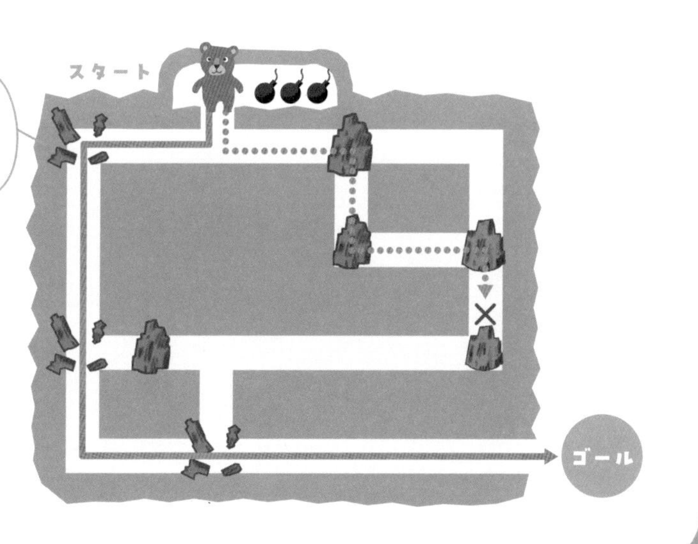

じゃまな いわを 3つだけ ばくだんで こわせるよ。
ゴールまで いけるかな?

1 じゃまな いわを 3つだけ ばくだんで こわせるよ。ゴールまで いけるかな？

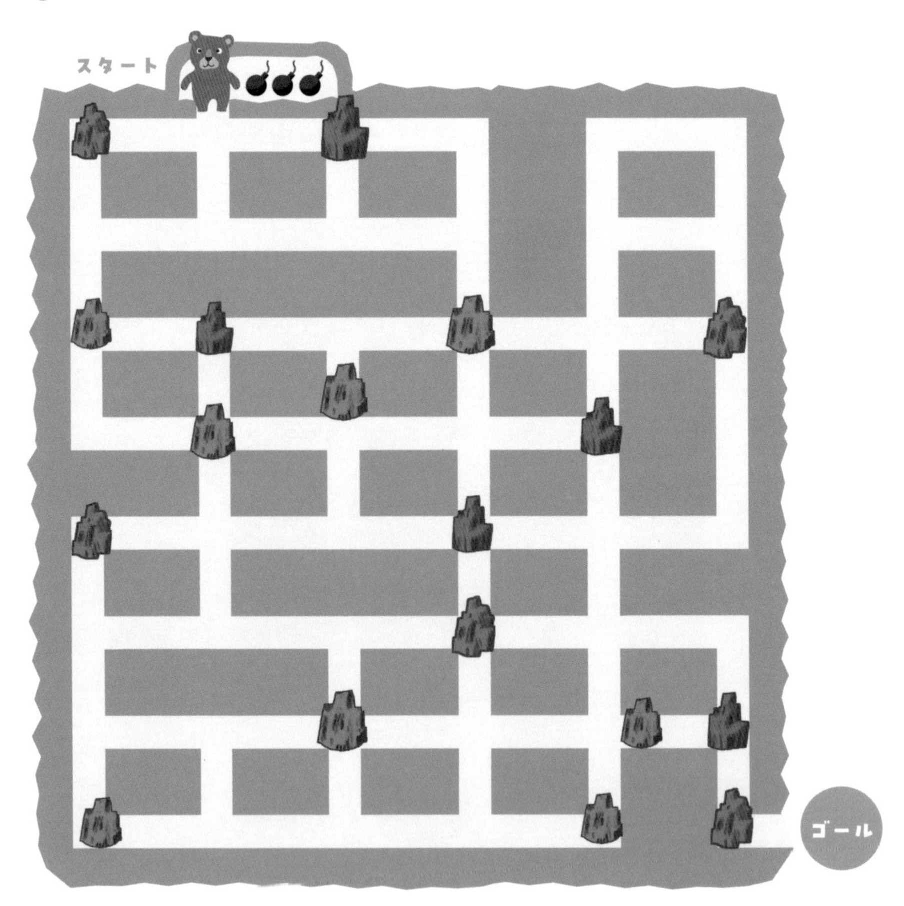

おまけもんだい でんしゃは どこから でんきを もらっている？ →こたえは58ページ

2 じゃまな いわを 3つだけ ばくだんで こわせるよ。ゴールまで いけるかな？

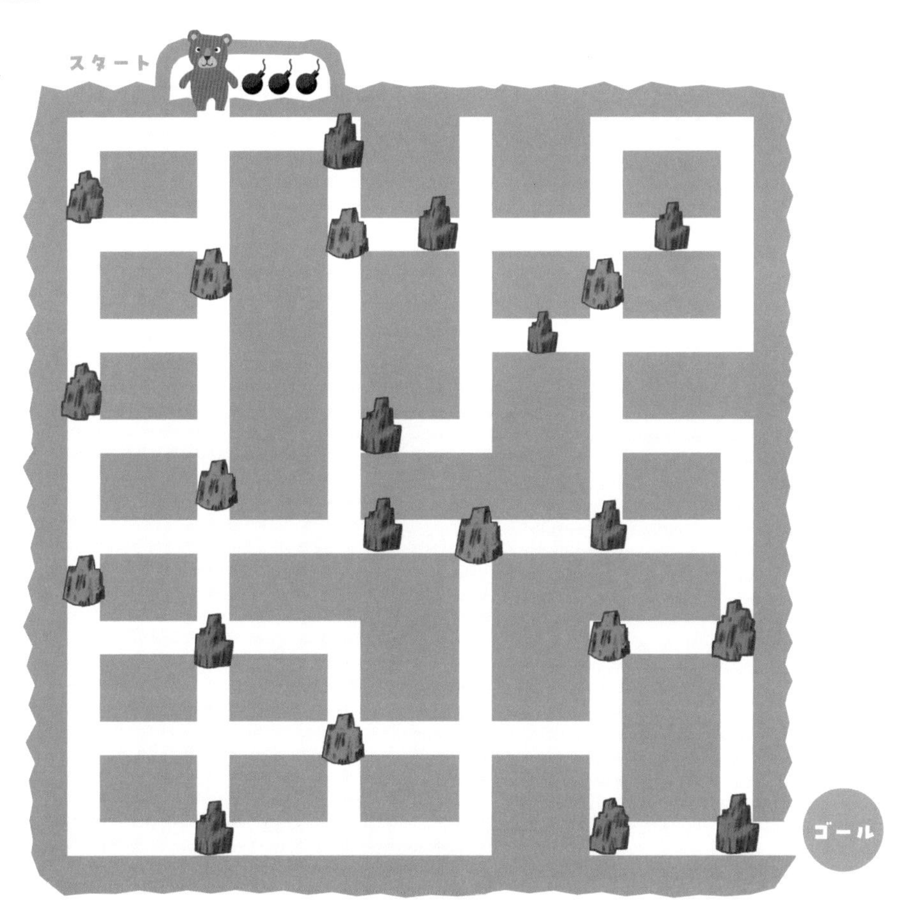

おまけもんだい かわの みずは なんで ながれる？ →こたえは58ページ

3 じゃまな いわを 3つだけ ばくだんで こわせるよ。ゴールまで いけるかな？

おまけもんだい　くもの あしは なんぼん ある？　→こたえは58ページ

4 じゃまな いわを 3つだけ ばくだんで こわせるよ。ゴールまで いけるかな？

①〜④で いわは ぜんぶで なんこ あったかな？ →こたえは58ページ

こたえ

おうちのかたへ

失敗を恐れず挑戦する力

できるだけ岩の少ない道を通りたいところですが、低年齢の子どもにとって先(未来)を見据えて考えるということは、大人が思っている以上に難しいものです。試行錯誤を繰り返し経験することによって、正しい情報に気づき、最終的にゴールできるように成長していきます。また、失敗を恐れずに挑戦する力も身につきます。

1

2

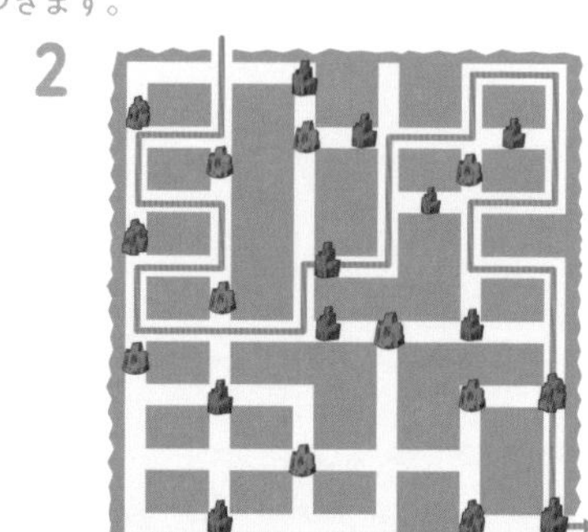

3

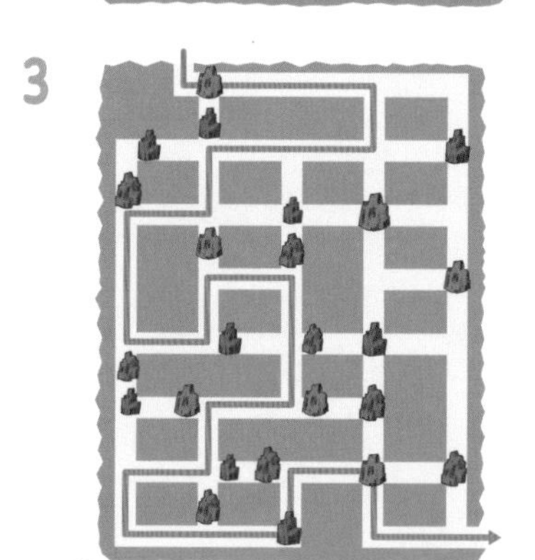

4

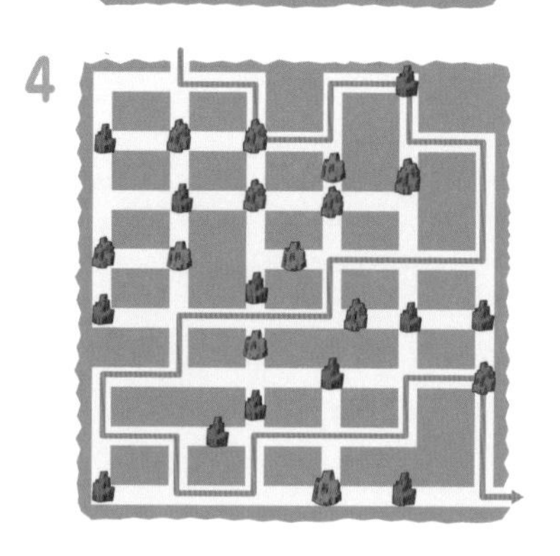

おまけもんだい

①でんしゃの やねに ある「パンタグラフ(ぱんたぐらふ)」から

②みずは たかいところから ひくいところへ うごくから　③8ぽん　④89こ

3つのかぎでにげろ！

きりかえる

複数の処理を同時に行う

ルール

あかいかぎであけられるのは
あかいドア(どあ)だけ

スタート

1つのかぎでドア(どあ)を
あけられるのは1かいだけ

ゴール

3つの いろの かぎで おなじいろの ドア(どあ)を
1かいずつ あけられるよ。ちかみちで ゴールしよう。

1 3つの いろの かぎで おなじいろの ド(ど)ア(あ)を 1かいずつ あけられるよ。ちかみちで ゴールしよう。

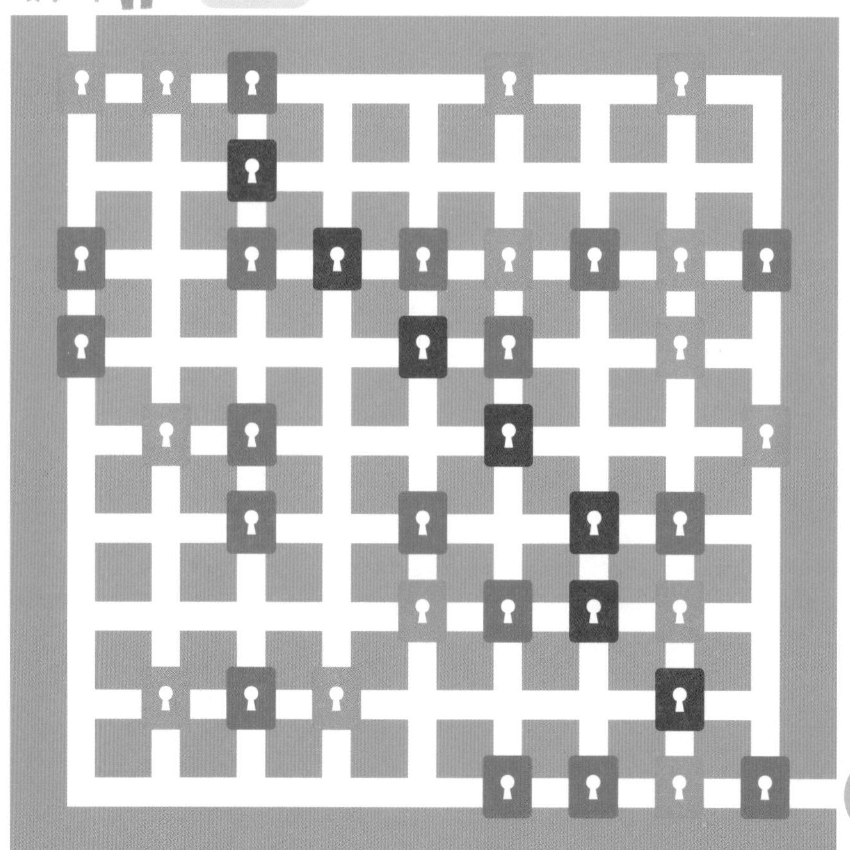

2 3つの いろの かぎで おなじいろの ドア(どあ)を 1かいずつ あけられるよ。ちかみちで ゴールしよう。

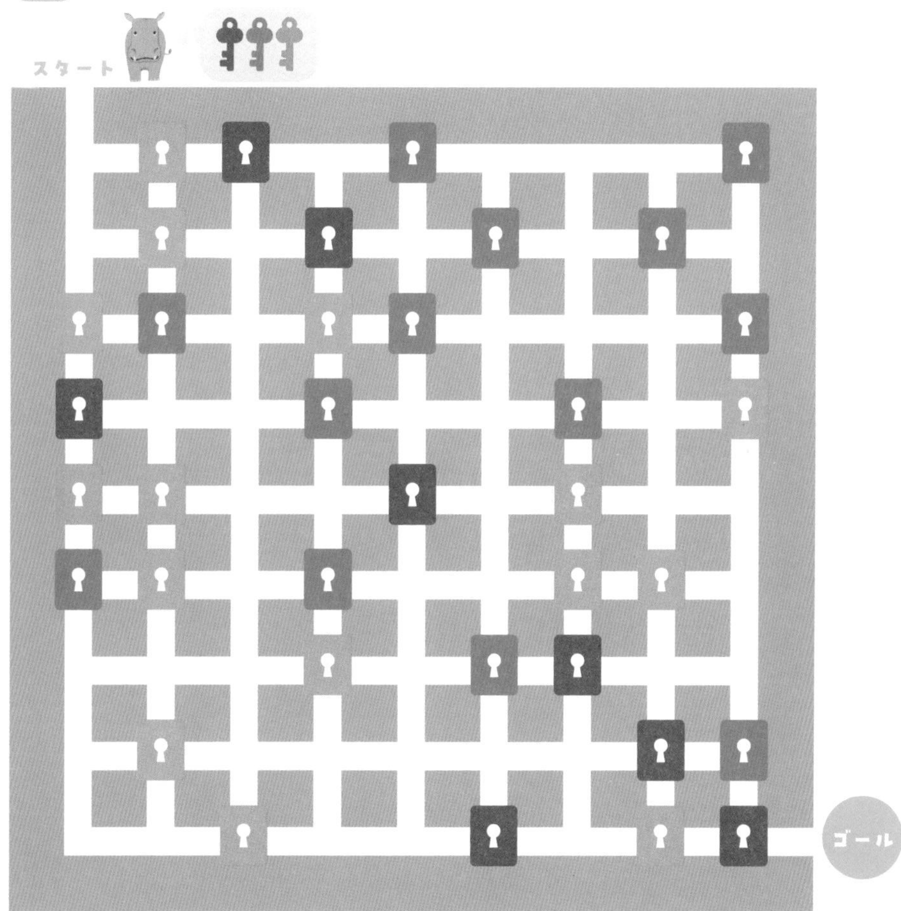

3 3つの いろの かぎで おなじいろの ドア(どあ)を 1かいずつ あけられるよ。ちかみちで ゴールしよう。

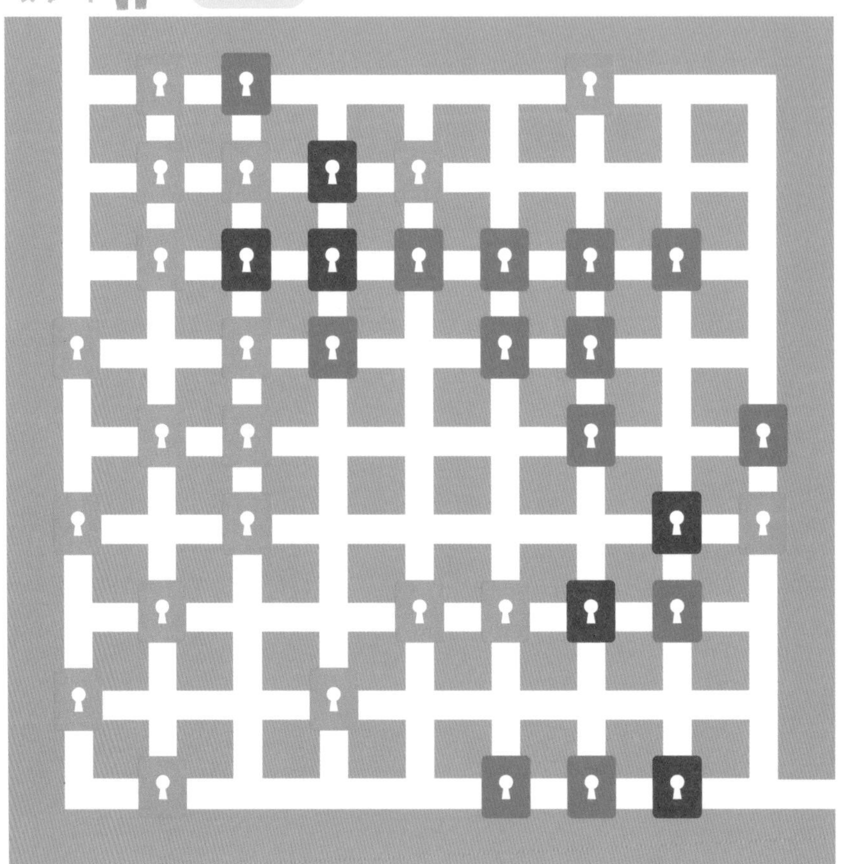

4 3つの いろの かぎで おなじいろの ドア(どあ)を 1かいずつ あけられるよ。ちかみちで ゴールしよう。

おまけもんだい ①〜④の めいろで いちばん おおい ドア(どあ)は なにいろの ドア(どあ)? →こたえは64ページ

こたえ

うまくできたかな?

おうちのかたへ

柔軟な思考力

3種類のドアを1つずつ通ってゴールへと進んでいく、やや難易度の高いめいろです。ドアの少ない道を見極めながら、色が重複しないようにドアを選択する必要があるため、頭で複数のことを同時に考えながら進めていきます。そのため、適当に手を動かすのではなく、情報を整理しながら考えるというトレーニングになるのです。

1

2

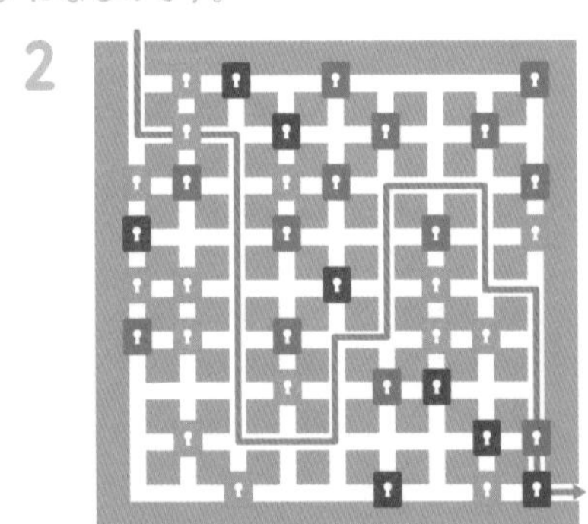

3

4

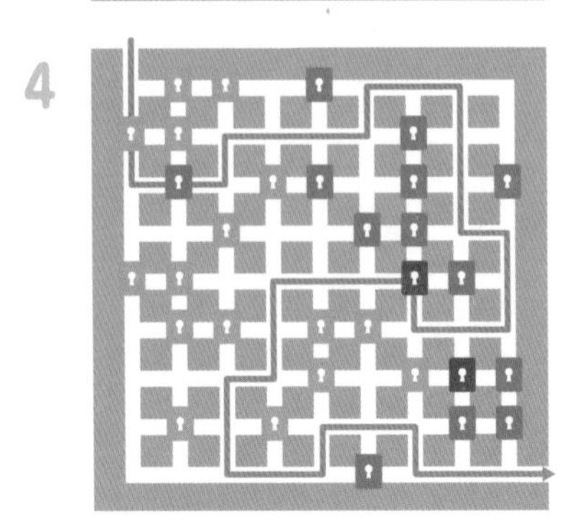

おまけもんだい ④きいろの ドア(どあ)

ねっして さまして

やりぬく

見通しを立てる

ルール

おなじいろの タイルを
つづけて すすむことは できないよ

スタート

ななめには
すすめないよ

ゴール

みずいろの タイルは つめたい！ ピンクの タイルは あつい！
だから みずいろと ピンク こうごじゃないと
すすめないよ。いちばんの ちかみちで ゴールまで いこう。

1 みずいろと ピンク（ぴんく） こうごに すすみ いちばんの ちかみちで ゴールまで いこう。

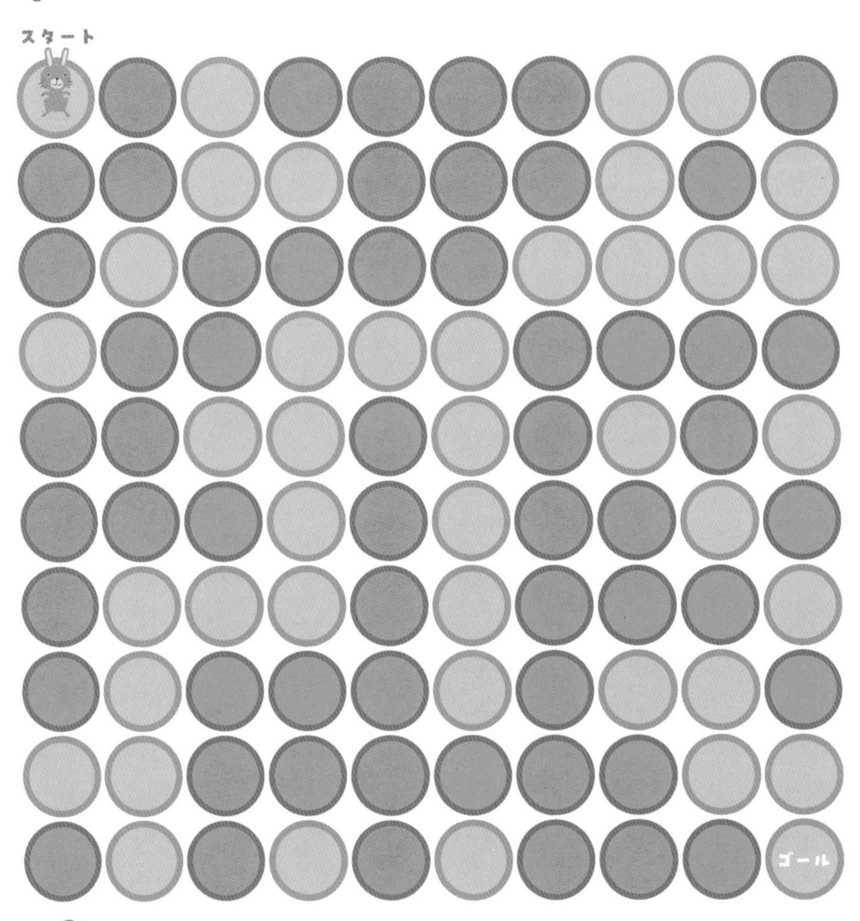

おまけもんだい 「おおきい」の はんたいは なに？ →こたえは70ページ

2 みずいろと ピンク こうごに すすみ いちばんの ちかみちで ゴールまで いこう。

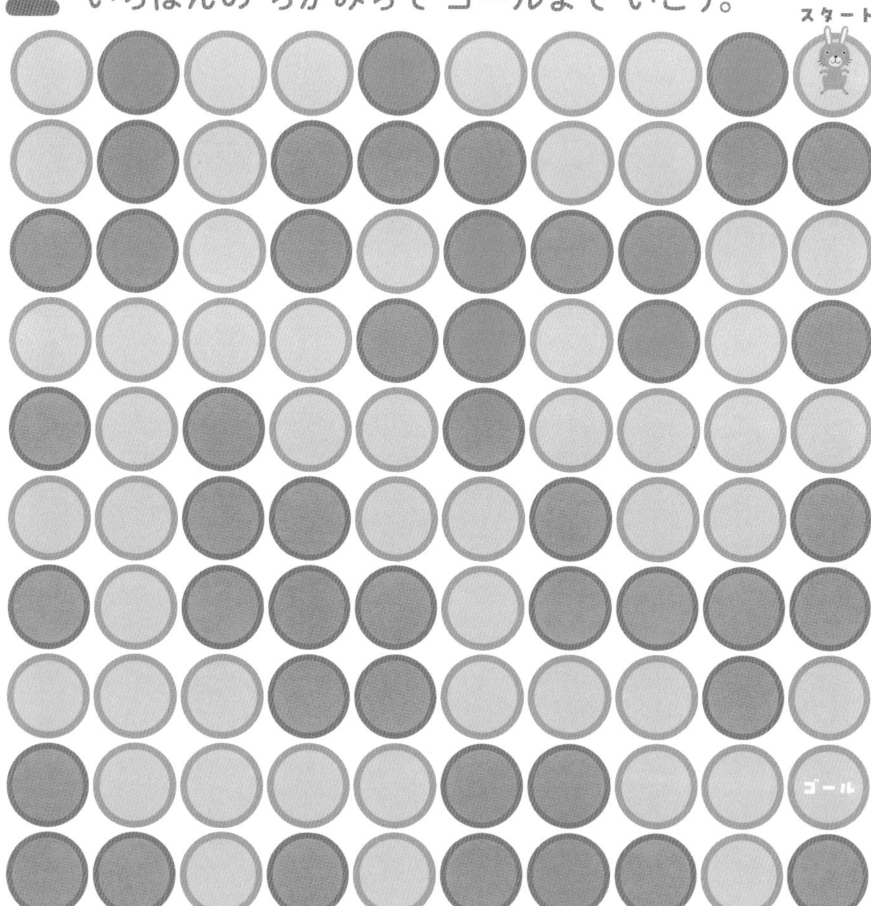

おまけもんだい 「つよい」の はんたいは なに？ →こたえは70ページ

3 みずいろと ピンク(ぴんく) こうごに すすみ いちばんの ちかみちで ゴールまで いこう。

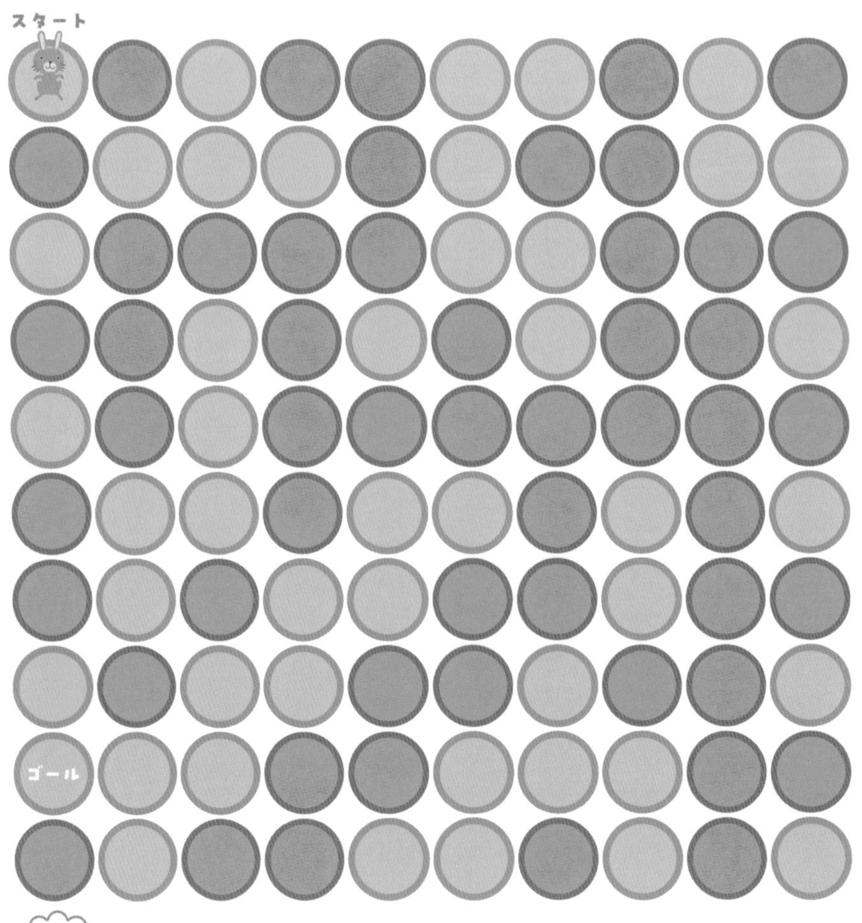

おまけもんだい 「ひくい」の はんたいは なに？ →こたえは70ページ

4 みずいろと ピンク(ぴんく) こうごに すすみ いちばんの ちかみちで ゴールまで いこう。

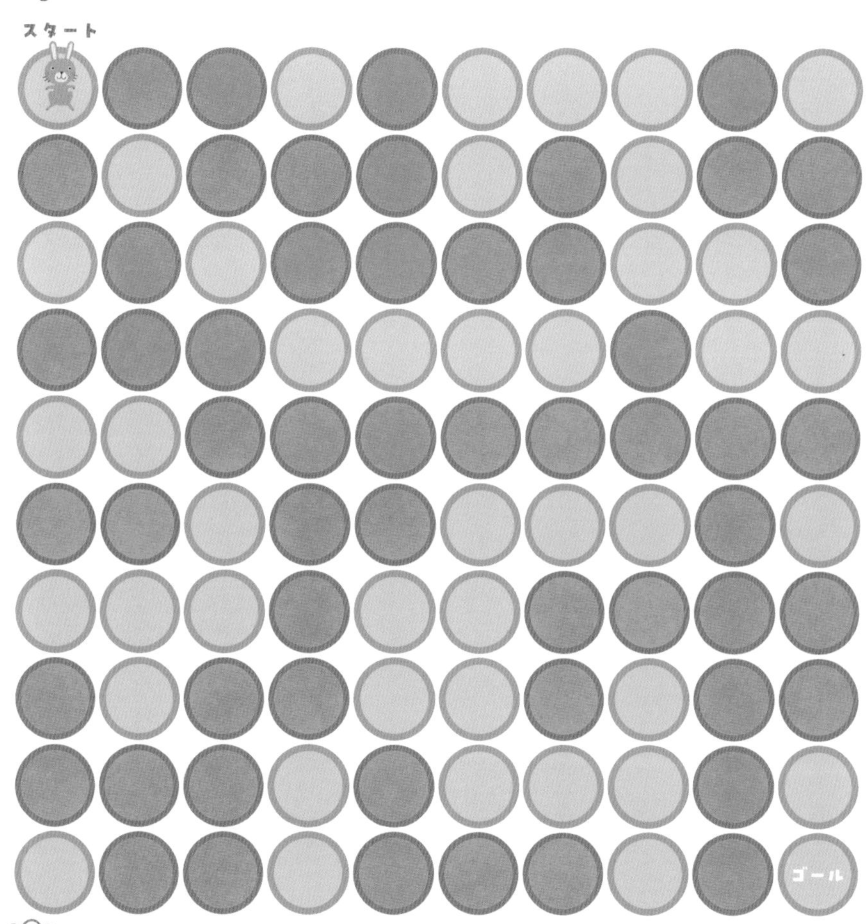

おまけ もんだい 「すくない」の はんたいは なに？ →こたえは70ページ

こたえ

うまくできたかな?

おうちのかたへ

考え抜く力

道が分かれるものとは異なり、壁がないため、想像力が求められるめいろです。行き詰まったら、戻るべき分岐点をねばり強く見つけていく必要があります。根気が必要ですが、楽しみながらゴールを目指していくことで、自然と試行錯誤する力や考える持久力が身につきます。それが、このめいろのよさといえるでしょう。

1

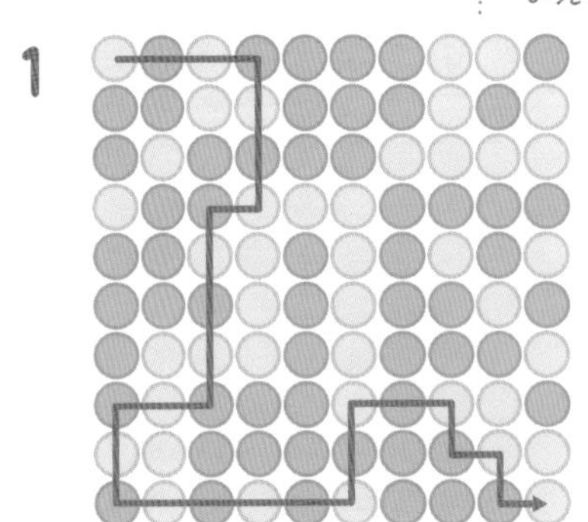

2

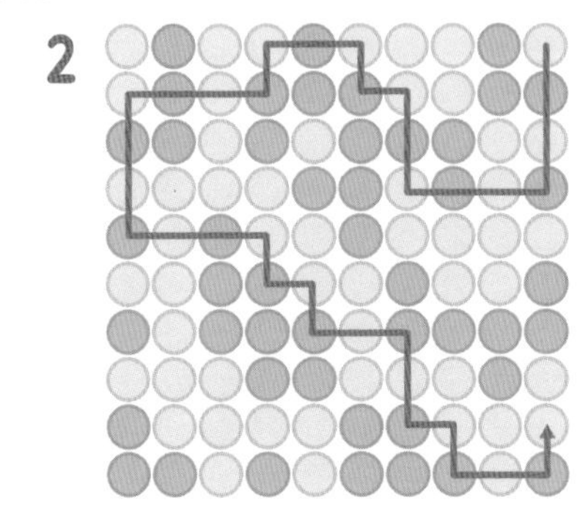

3

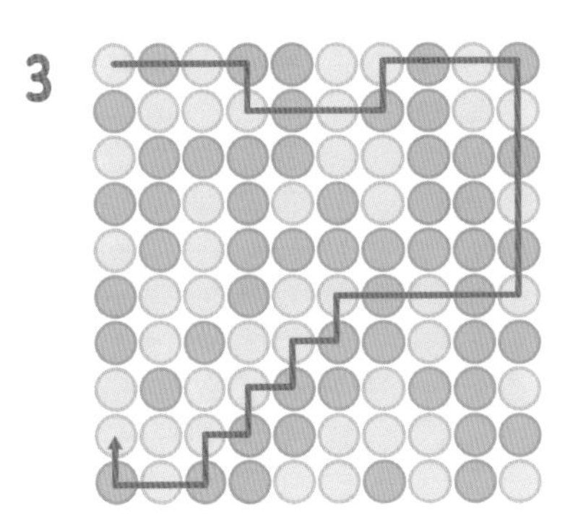

4

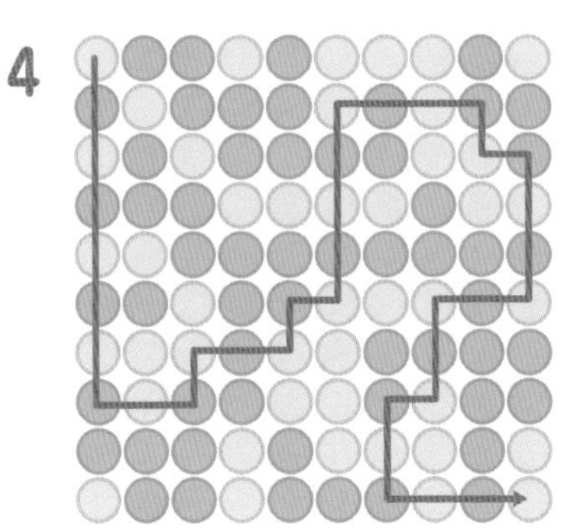

①ちいさい　②よわい　③たかい　④おおい

ばんけんに みつかるな！

ルール

こわい ばんけんが みはっているよ。
みつからないように ゴールしよう。

1 ばんけんに みつからないように ゴールしよう。

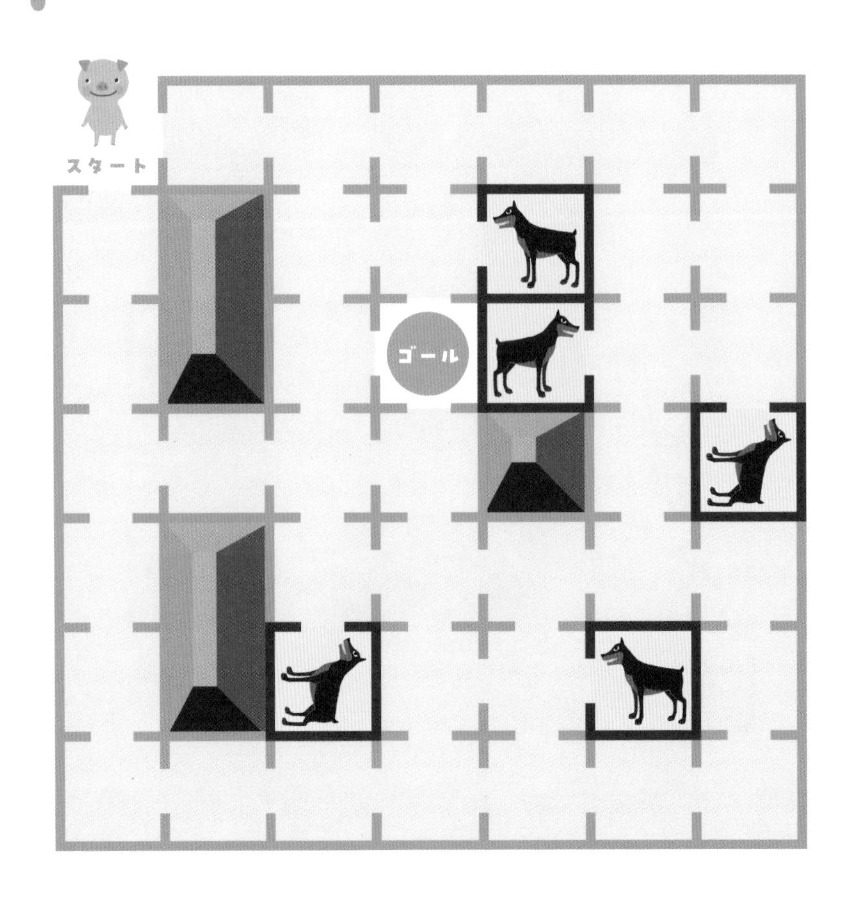

おまけもんだい みずを すごく つめたくすると なにに なる? →こたえは76ページ

2 ばんけんに みつからないように ゴールしよう。

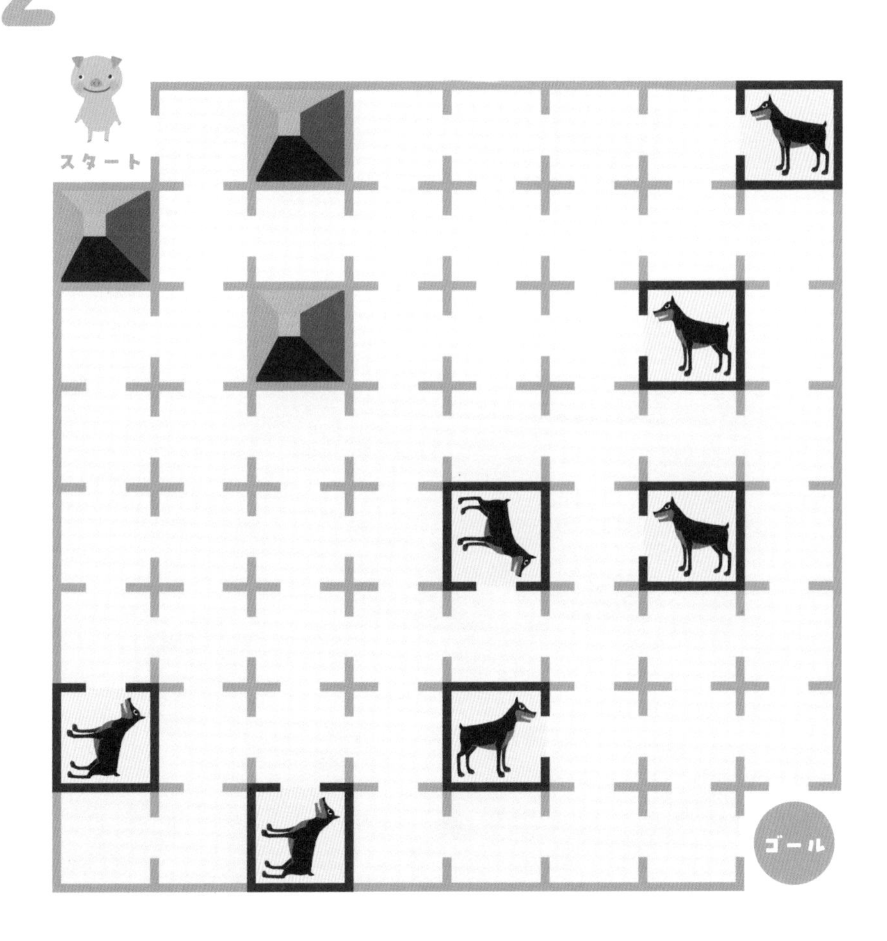

おまけもんだい　だんごむしと わらじむしで あしが はやいのは どっち？　→こたえは76ページ

3 ばんけんに みつからないように ゴールしよう。

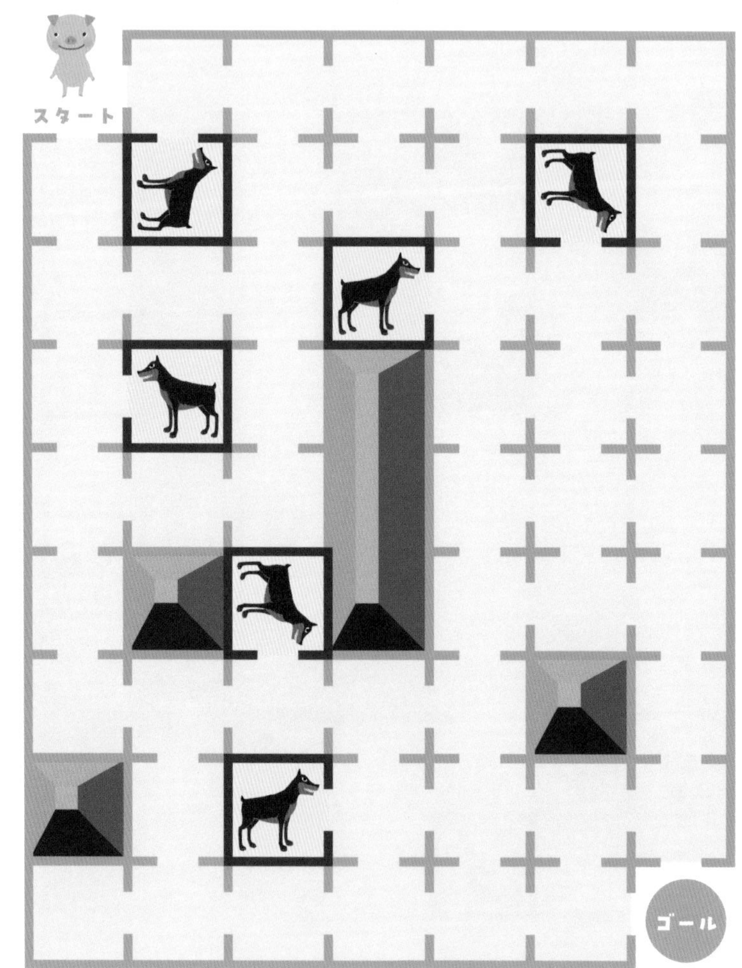

おまけもんだい　あかと あおを まぜると なにいろに なる？　→こたえは76ページ

4 ばんけんに みつからないように ゴールしよう。

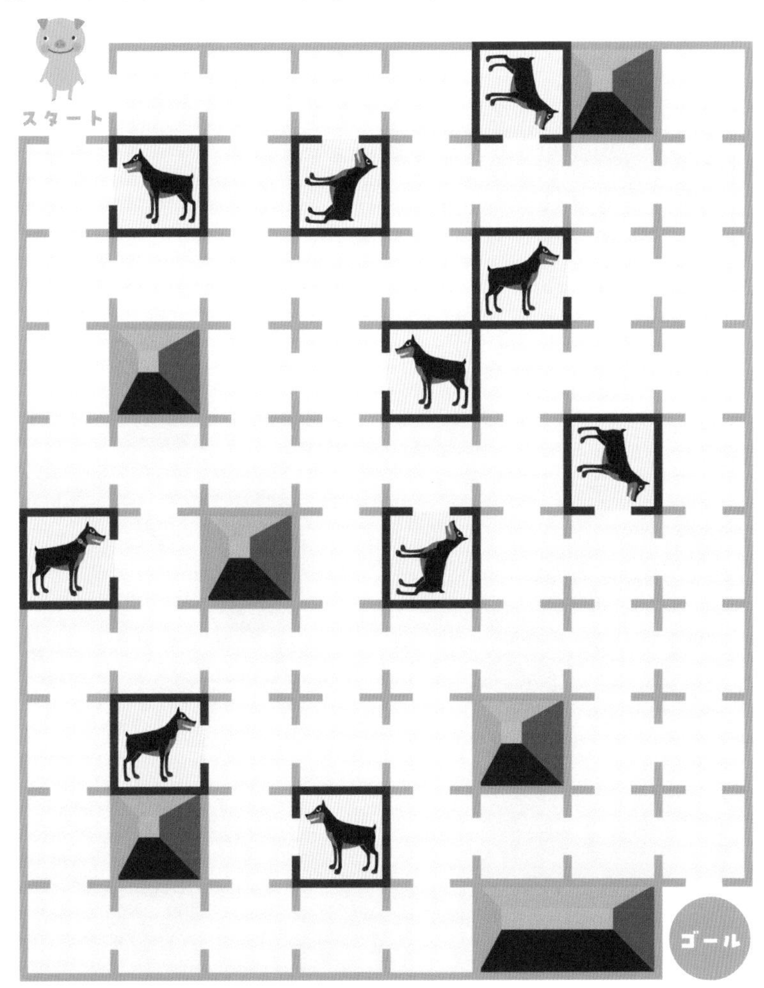

おまけ もんだい ①～④の めいろの なかで 1ぴきだけ すこし ちがう いぬが いたよ。どれかな?

→こたえは76ページ

こたえ

1

2

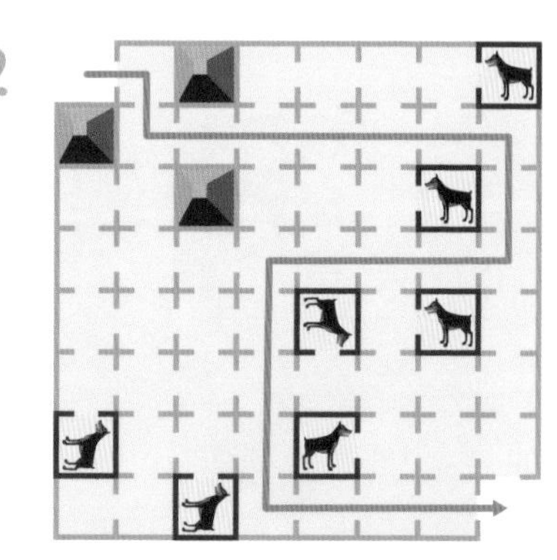

3

4

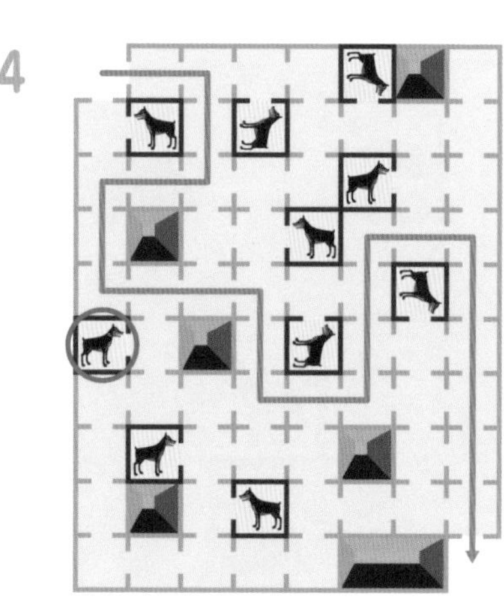

おまけもんだい

①こおり

②わらじむし(わらじむしは はしるのが とくいで だんごむしは まるくなるのが とくいなんだ)

③むらさき　④うえの ずの あおまるの ところだよ

なんへやで ゴール!?

かぞえる

解法を探る

ルール

6つの へやで たまごを ひろって ゴールしてね。

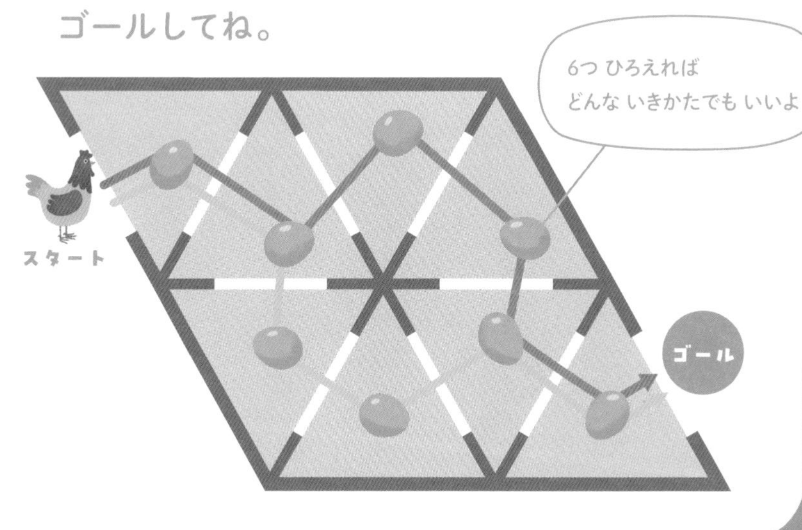

きめられたかずの へやで たまごを ひろって ゴールしてね。
おおくても すくなくても だめだよ。

1 5つの へやで たまごを ひろって ゴールしてね。

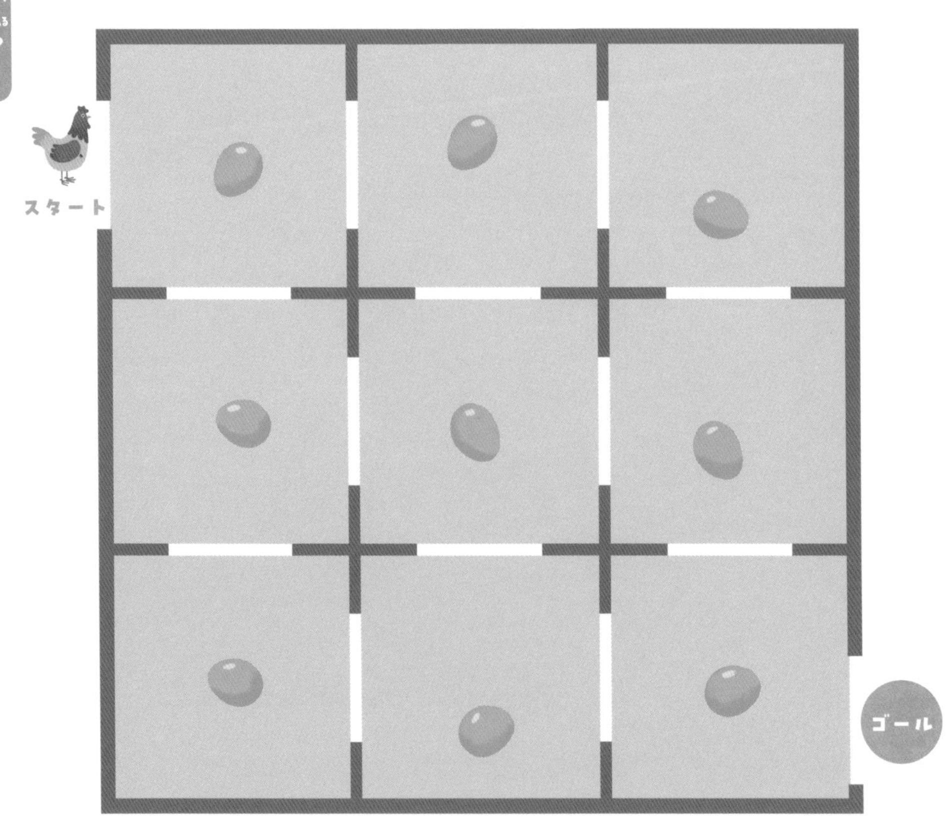

おまけ もんだい 7へやで ゴールするには どうする? →こたえは82ページ

2 13の へやで たまごを ひろって ゴールしてね。

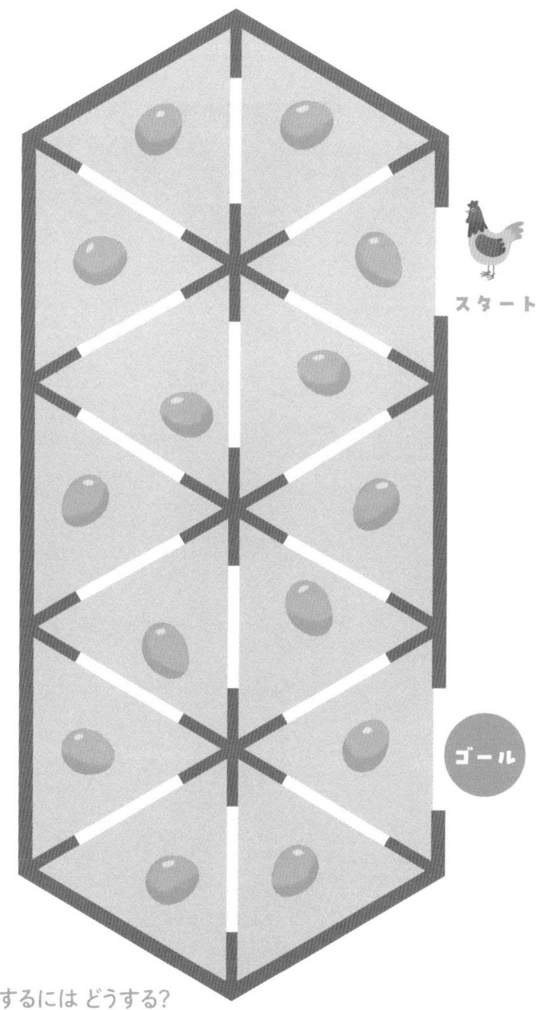

おまけもんだい 7へやで ゴールするには どうする?

→こたえは82ページ

3 9つの へやで たまごを ひろって ゴールしてね。

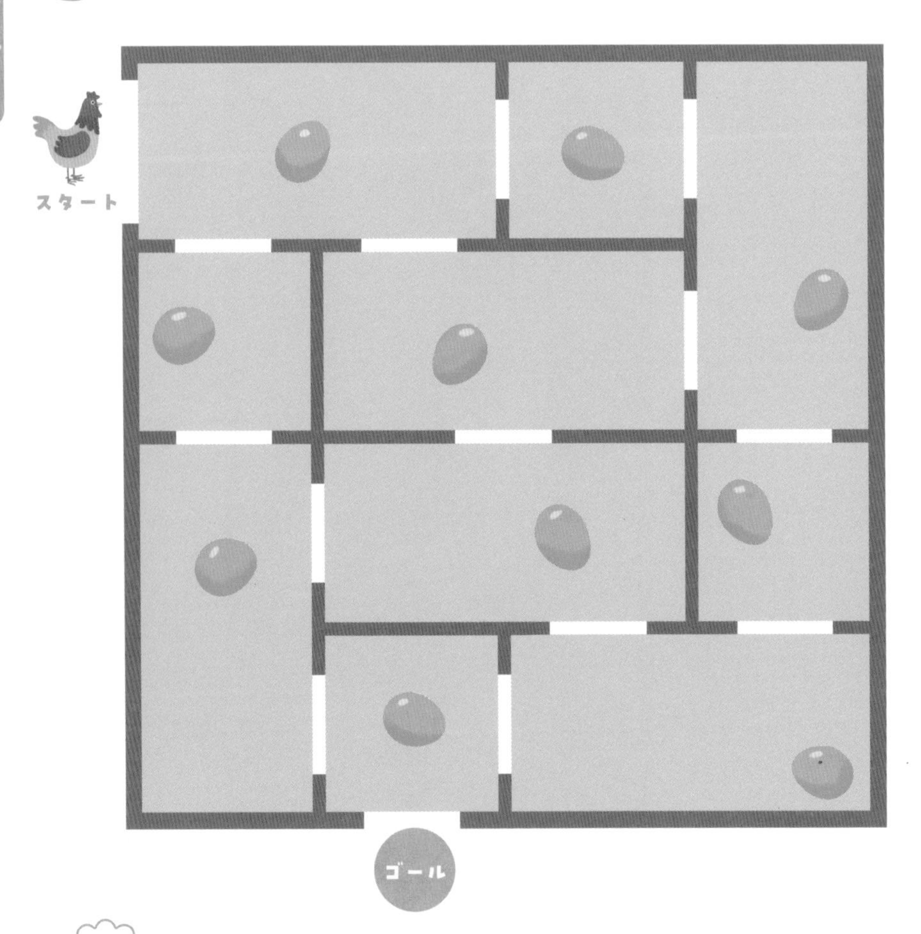

おまけもんだい 6へやで ゴールするには どうする？ →こたえは82ページ

4 7つの へやで たまごを ひろって ゴールしてね。

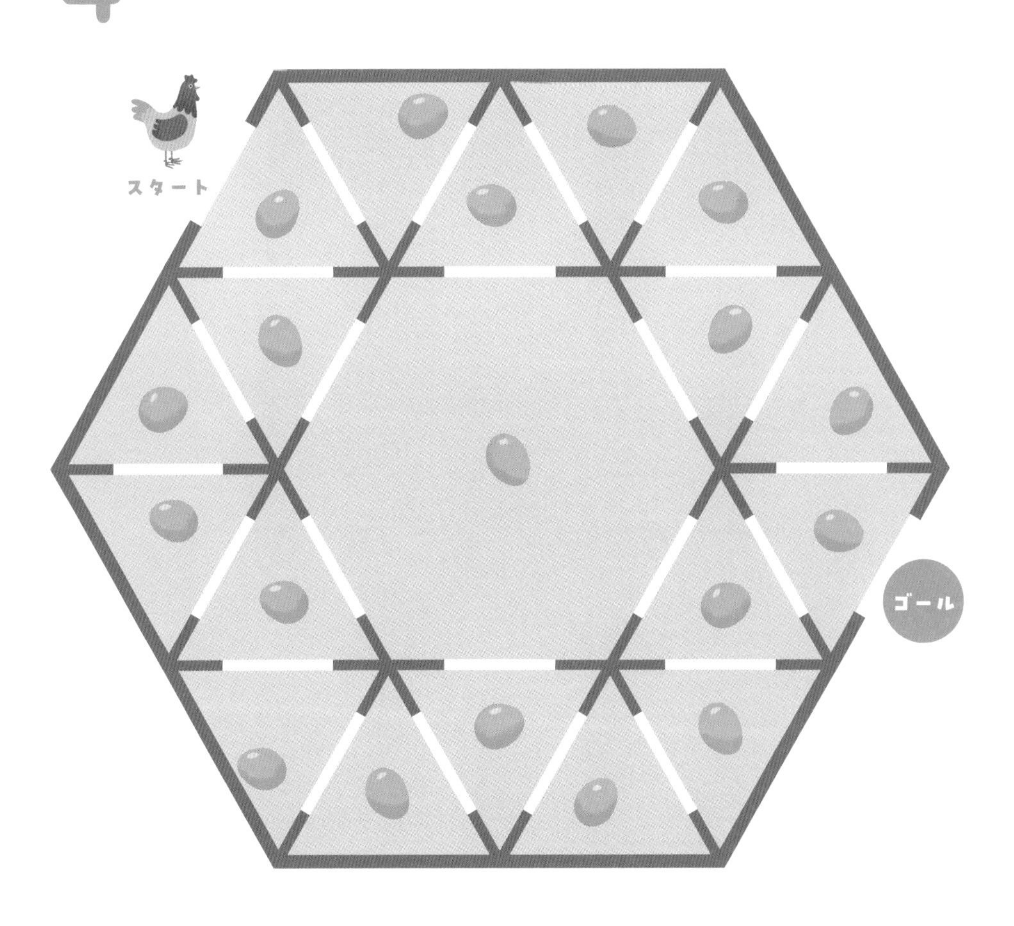

おまけもんだい 15へやで ゴールするには どうする？ →こたえは82ページ

こたえ

めいろの こたえは ピンクの ルート
おまけもんだいの こたえは みずいろの ルートで しめしているよ。
こたえは ほかに あるものも あるよ。
きめられた へやの かずで いければ せいかいだよ

1

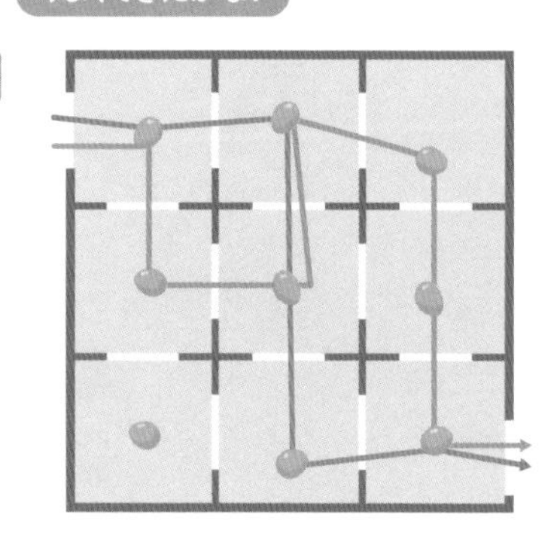

2

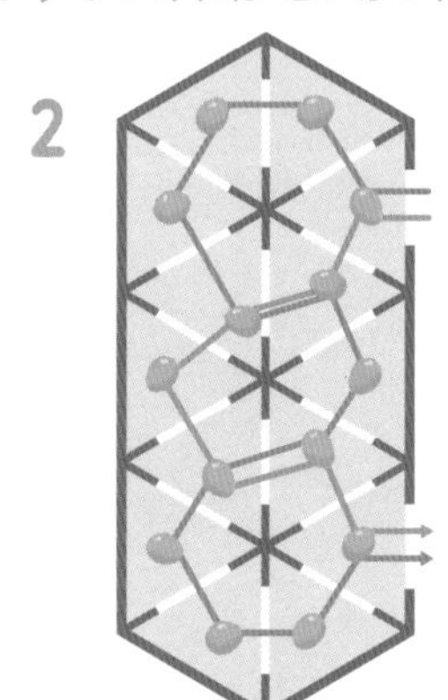

3

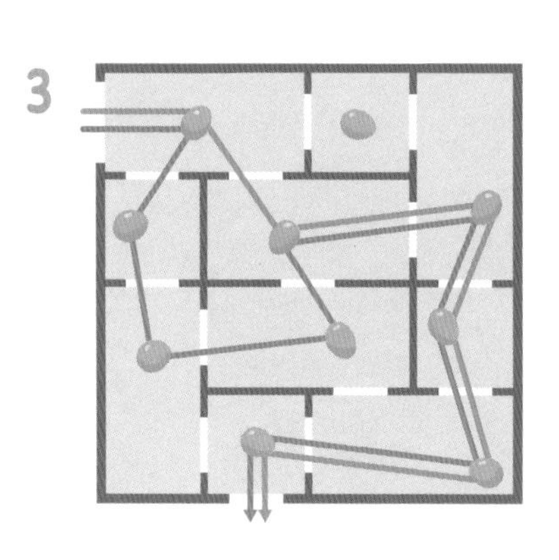

4

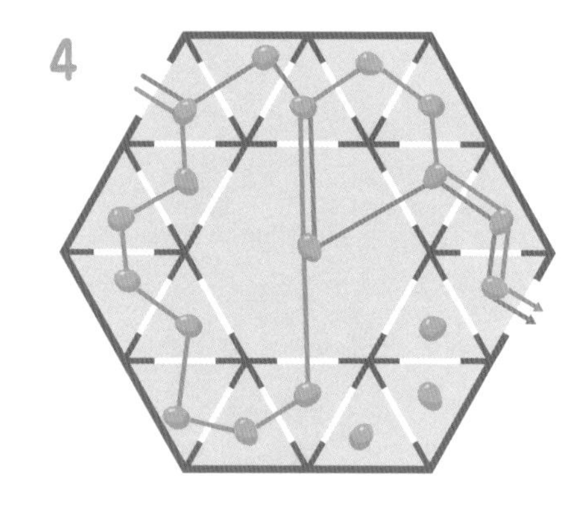

じょうずに あめひろい

かぞえる

数を把握する

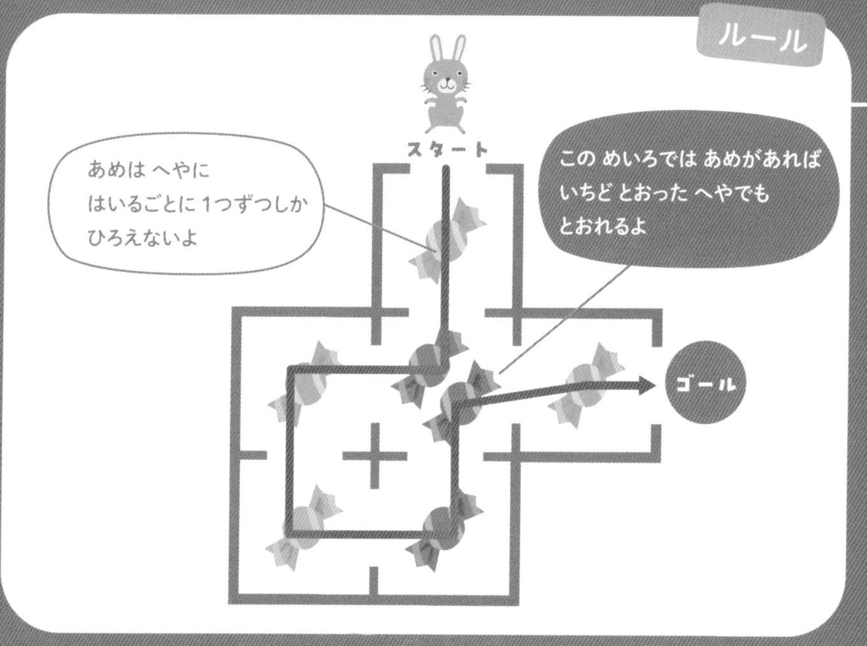

あめを ぜんぶ ひろって ゴールしよう!
でも あめは いちど へやを とおるごとに
1つしか ひろえないよ。

1 あめを ぜんぶ ひろって ゴールしよう！ でも あめは いちど へやを とおるごとに 1つしか ひろえないよ。

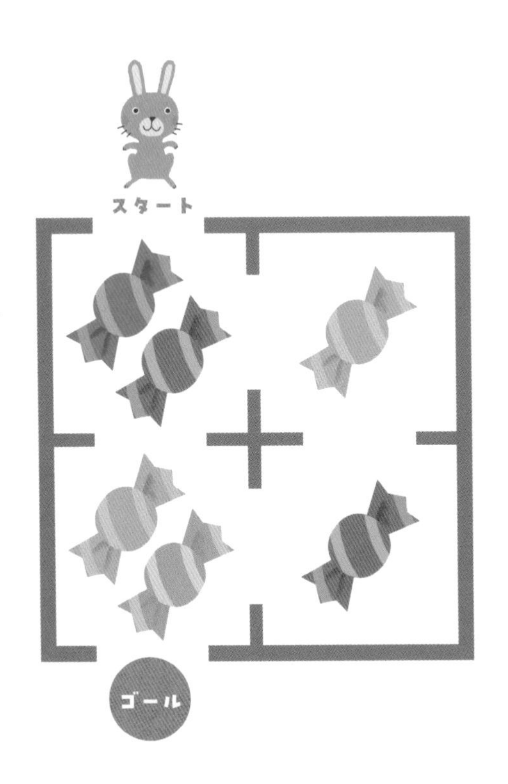

おまけもんだい どうして のどが かわくの？ →こたえは88ページ

2 あめを ぜんぶ ひろって ゴールしよう！　でも あめは いちど へやを とおるごとに 1つしか ひろえないよ。

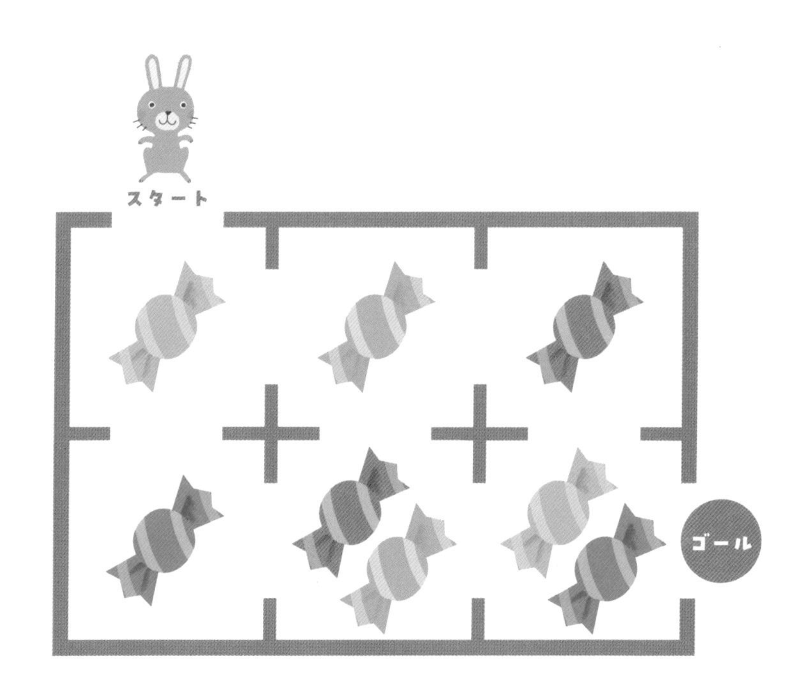

おまけ もんだい　きょうりゅうの いきのこりと される どうぶつは?
→こたえは88ページ

3 あめを ぜんぶ ひろって ゴールしよう！ でも あめは いちど へやを とおるごとに 1つしか ひろえないよ。

おまけもんだい どうして つきは あかるいの？ →こたえは88ページ

4 あめを ぜんぶ ひろって ゴールしよう！ でも あめは いちど へやを とおるごとに 1つしか ひろえないよ。

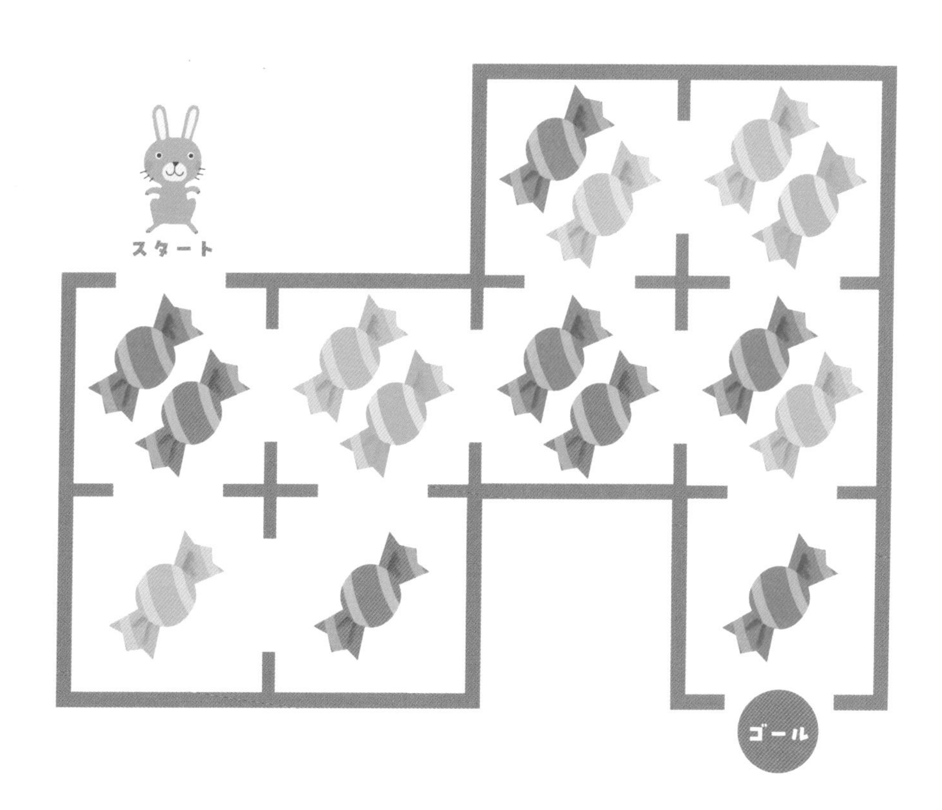

①～④の めいろに 1つだけ かたちが すこし ちがう あめが あったよ。どれかな?

→こたえは88ページ

こたえ

1

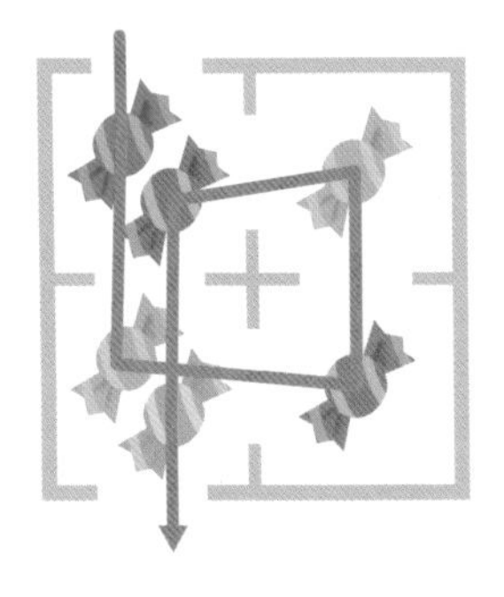

2

3

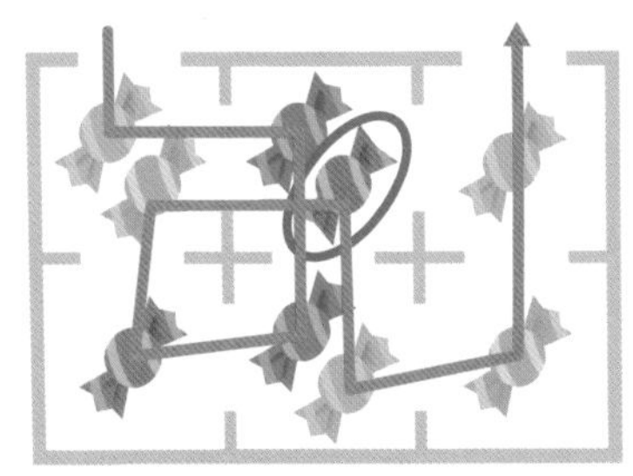

4

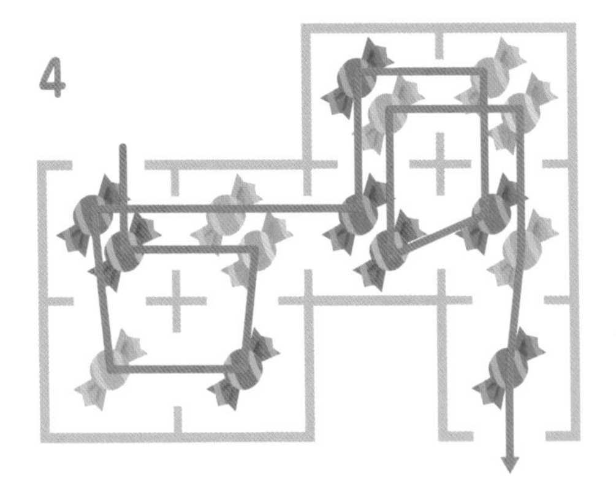

おまけもんだい

①おしっこや あせで からだから みずが でて たりなくなるから
②とり（きょうりゅうが しんかしたとも いわれているよ）
③たいようの ひかりが あたっているから
④うえの ずの あおまるの ところだよ

「っ」をいれちゃえ

よむ

声に出して覚える

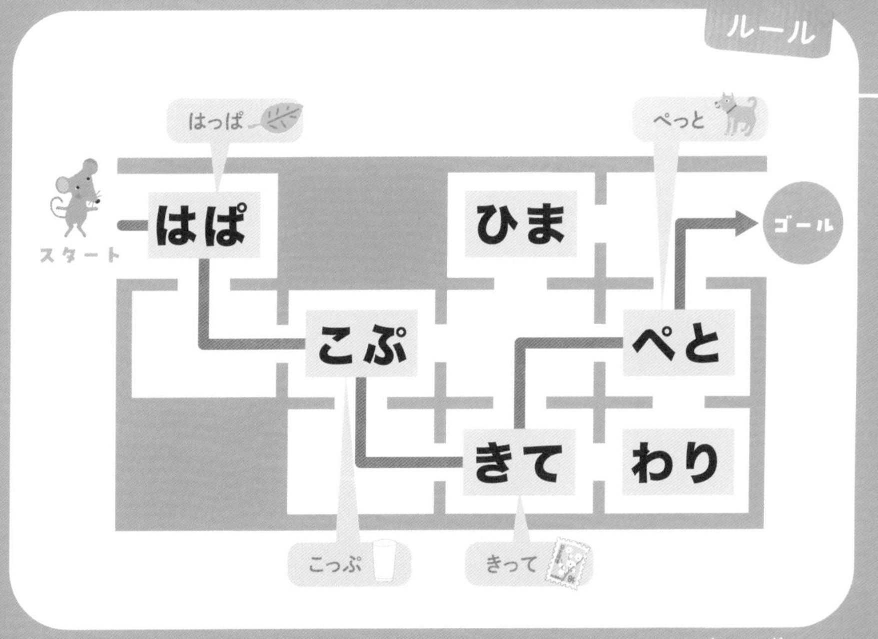

あいだに「っ」を いれると ことばになる カード(かーど)を
すべて ひろって よみながら ゴールしよう！

のこった カード(かーど)を つなげると ことばが できるよ。
なにかな？…「ひまわり」だね！

1 あいだに「っ」を いれると ことばになる カード(かーど)を すべて ひろって よみながら ゴールしよう！

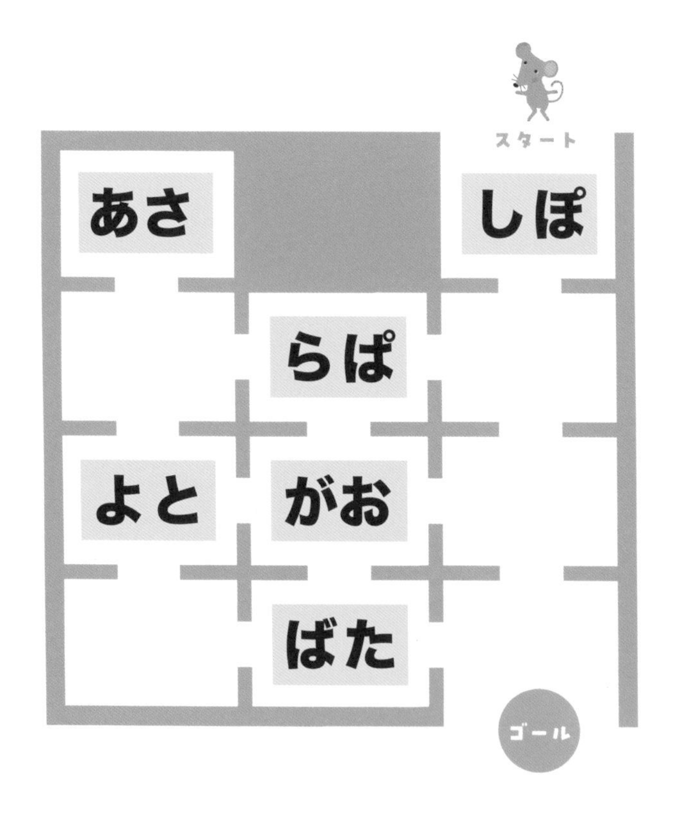

おまけ もんだい
ひろわなかった 2まいの カード(かーど)を つなげると できるのは どんな ことばかな？ →こたえは94ページ

2 あいだに「っ」を いれると ことばになる カード（かーど）を すべて ひろって よみながら ゴールしよう！

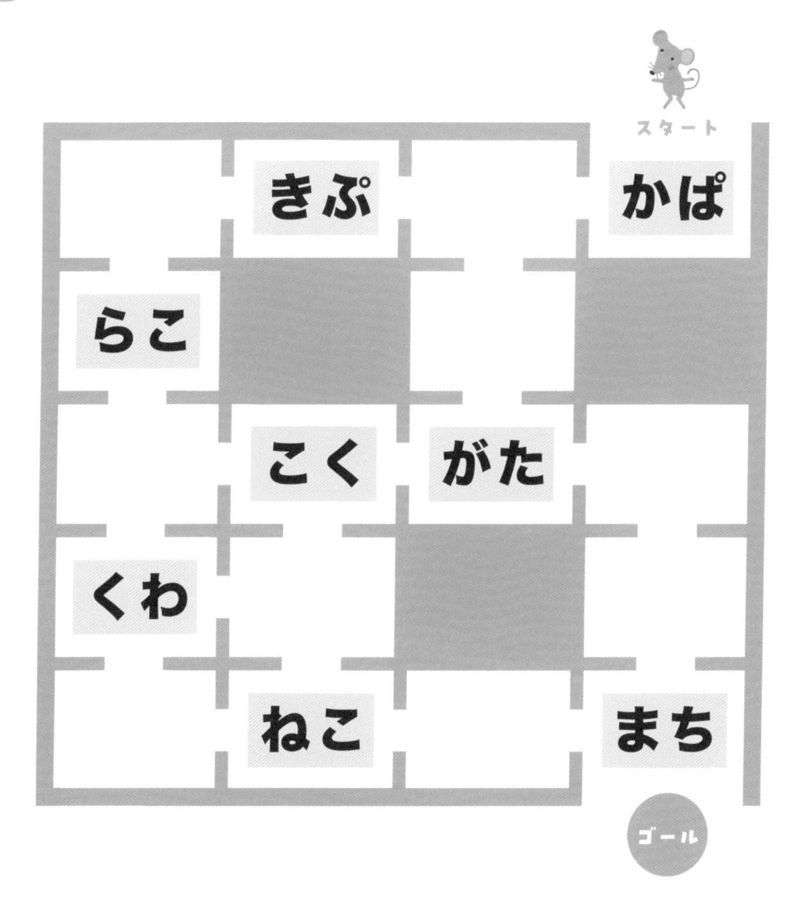

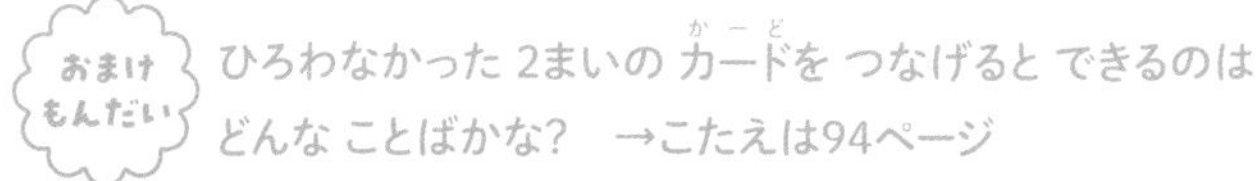

ひろわなかった 2まいの カード（かーど）を つなげると できるのは どんな ことばかな？ →こたえは94ページ

3 あいだに「っ」を いれると ことばになる カード(かーど)を すべて ひろって よみながら ゴールしよう!

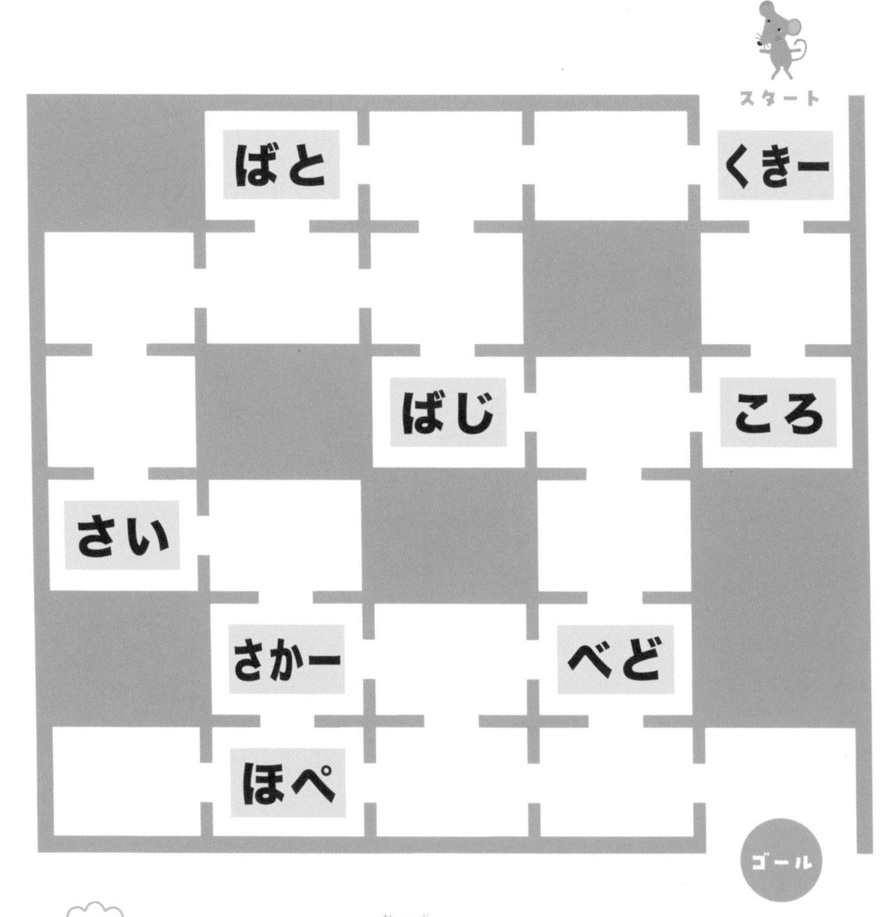

ひろわなかった 2まいの カード(かーど)を つなげると できるのは どんな ことばかな? →こたえは94ページ

4 あいだに「っ」を いれると ことばになる カード(かーど)を すべて ひろって よみながら ゴールしよう！

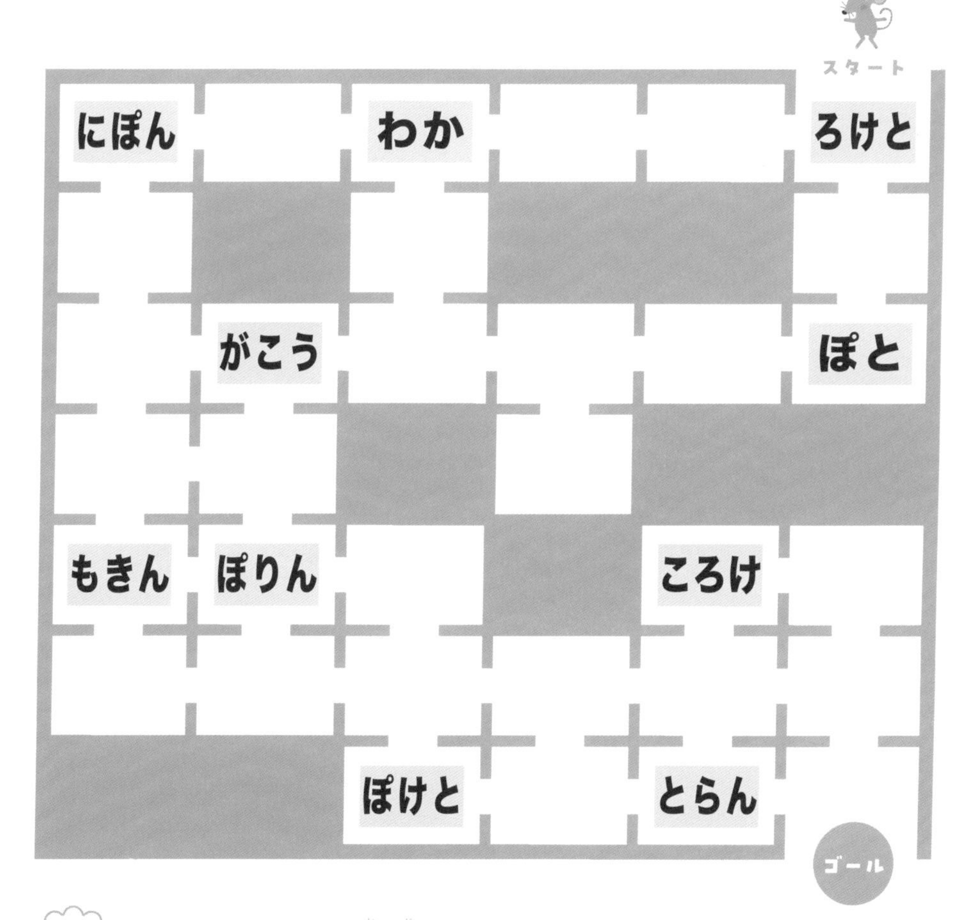

おまけもんだい　ひろわなかった 2まいの カード(かーど)を つなげると できるのは どんな ことばかな？　→こたえは94ページ

こたえ

うまくできたかな?

おうちのかたへ

耳と目を駆使して覚える

促音「っ」は具体的な音がないため、読み書きするときに子どもたちが混乱してしまうことがあります。めいろで視覚的に理解したり、リズム遊びで促音を含む言葉を認識したりすることで、楽しみながら習得してほしいものです。ぜひ、一緒に声を出しながら「っ」の入っている言葉を探してみましょう。

1

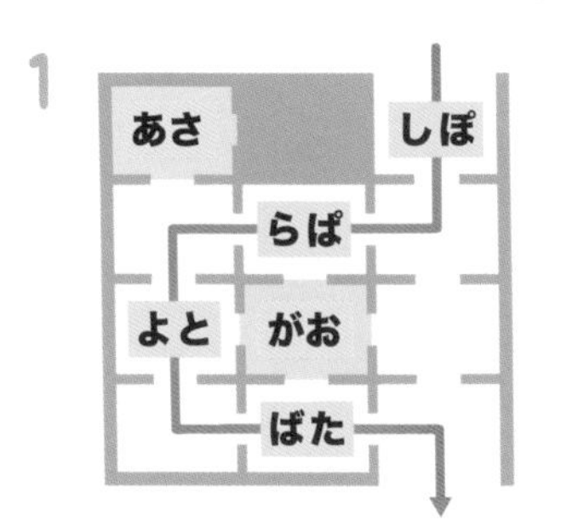

2

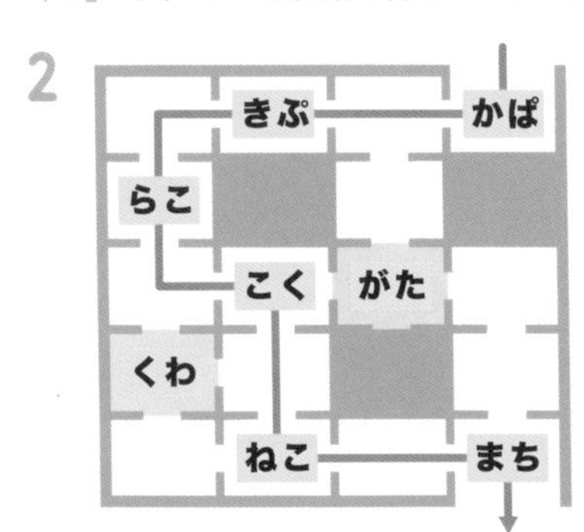

3

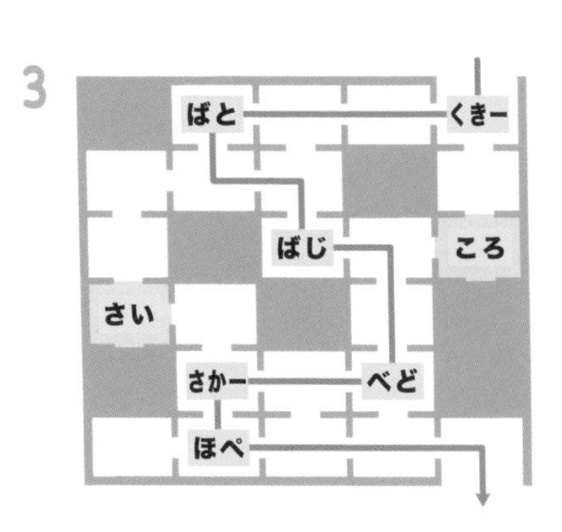

4

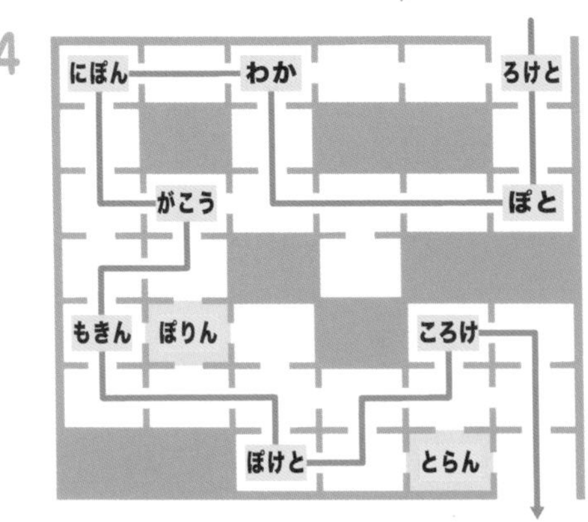

おまけもんだい

うえの ずの きみどりの ところが ひろわなかった カード(かーど)だよ

①あさがお ②くわがた ③さいころ ④とらんぽりん

ことばを みつけよう

ルール

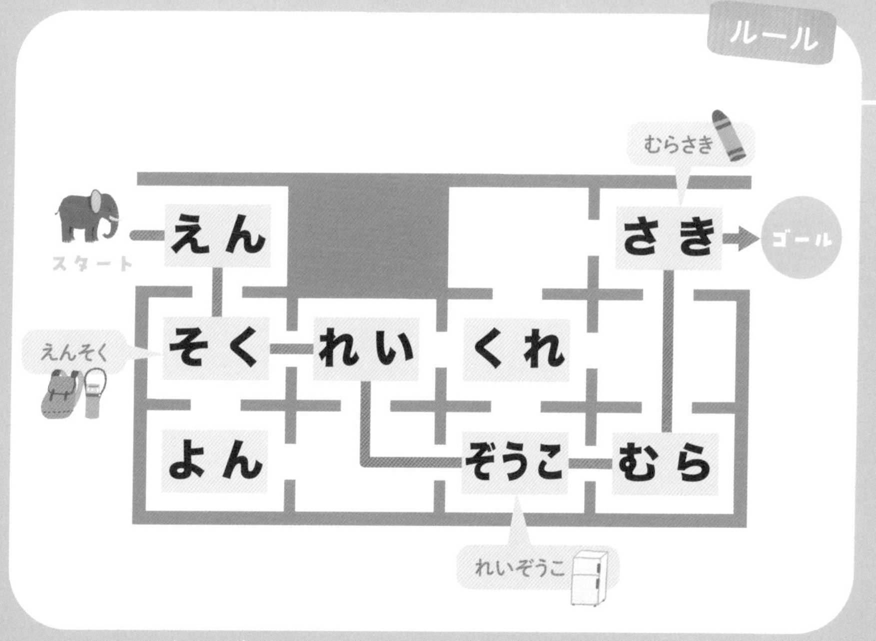

2まいの カード（かーど）を つなげて ことばを たくさん つくってね。

よみながら ゴールまで すすもう。

のこった カード（かーど）を つなげると ことばが できるよ。
なにかな？…「くれよん」だね！

1 2まいの カード(かーど)を つなげて ことばを たくさん つくってね。よみながら ゴールまで すすもう。

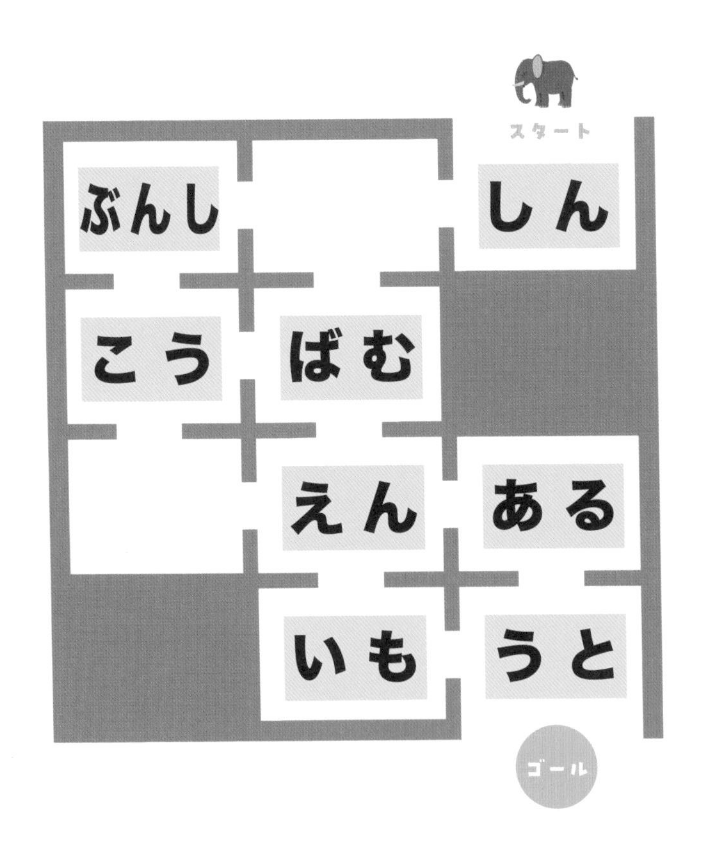

ひろわなかった 2まいの カード(かーど)を つなげると できるのは　どんな ことばかな?

→こたえは100ページ

2 2まいの カード(かーど)を つなげて ことばを たくさん つくってね。よみながら ゴールまで すすもう。

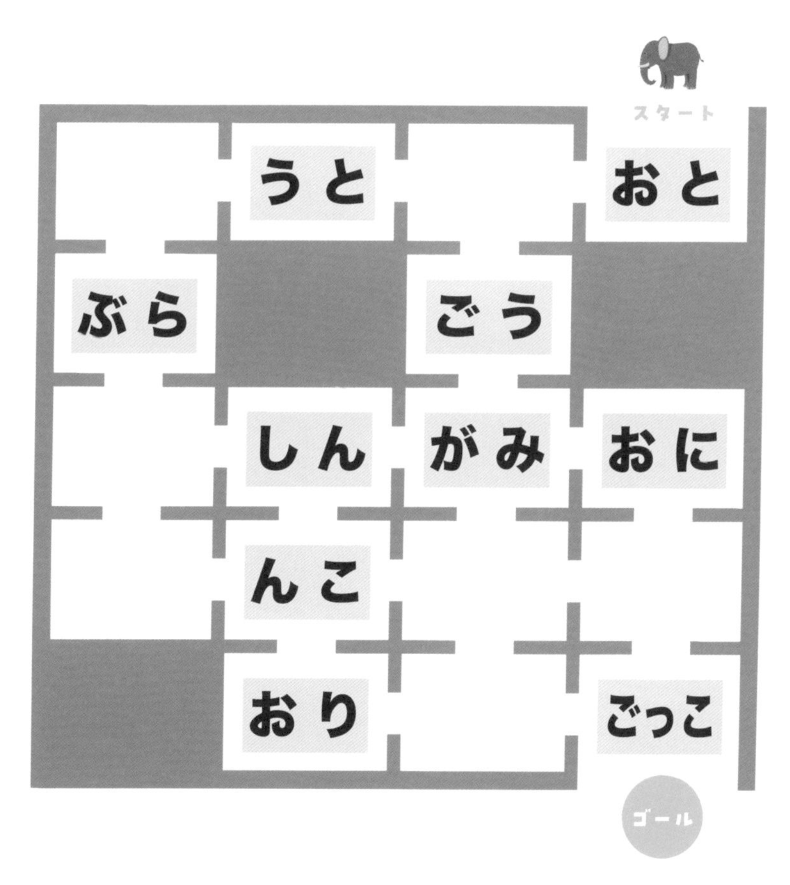

ひろわなかった 2まいの カード(かーど)を つなげると できるのは どんな ことばかな?
→こたえは100ページ

3 2まいの カード(かーど)を つなげて ことばを たくさん つくってね。よみながら ゴールまで すすもう。

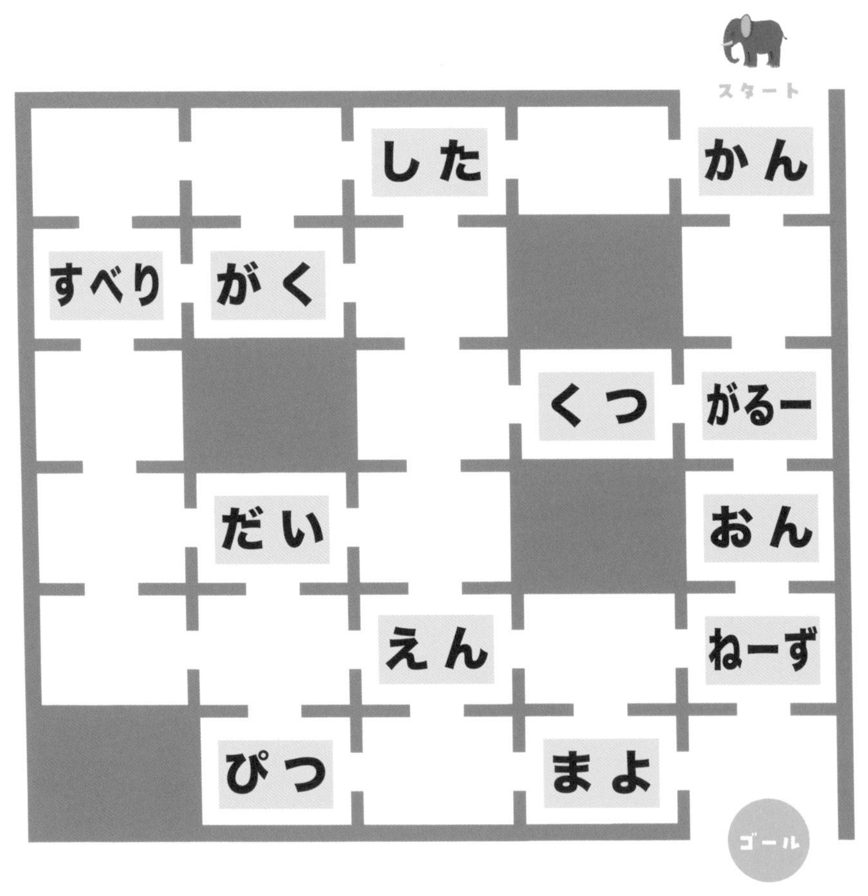

ひろわなかった 2まいの カード(かーど)を つなげると できるのは どんな ことばかな? →こたえは100ページ

4 2まいの カード を つなげて ことばを たくさん つくってね。よみながら ゴールまで すすもう。

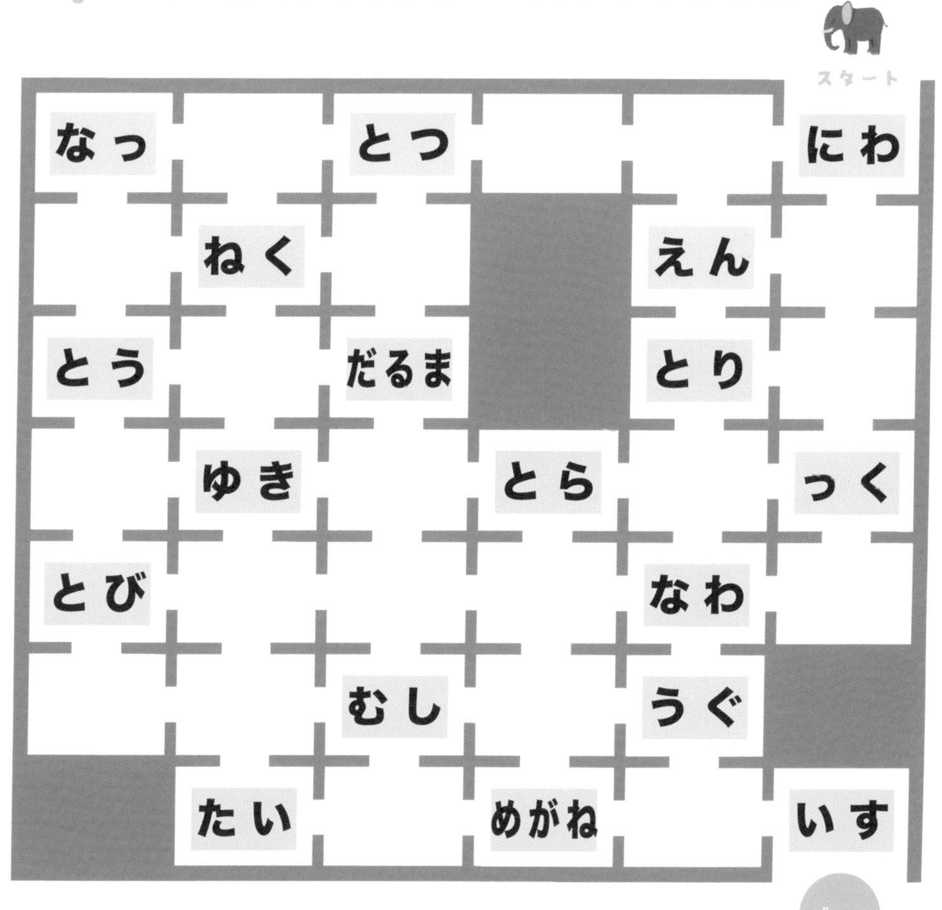

おまけもんだい ひろわなかった 2まいの カードを つなげると できるのは どんな ことばかな? →こたえは100ページ

うまくできたかな?

おうちのかたへ

言葉の世界を広げる

文字をつなげて言葉をつくるめいろです。1文字ずつ拾って言葉をつくるめいろだと難しいですが、2文字・3文字ずつなら単語もつくりやすく、取り組みやすいでしょう。子どもが知らない言葉があったら一緒に調べるなどして、ぜひ新しい言葉を習得するためのきっかけにしてください。

1

ぶんし しん こう ばむ えん ある いも うと

2

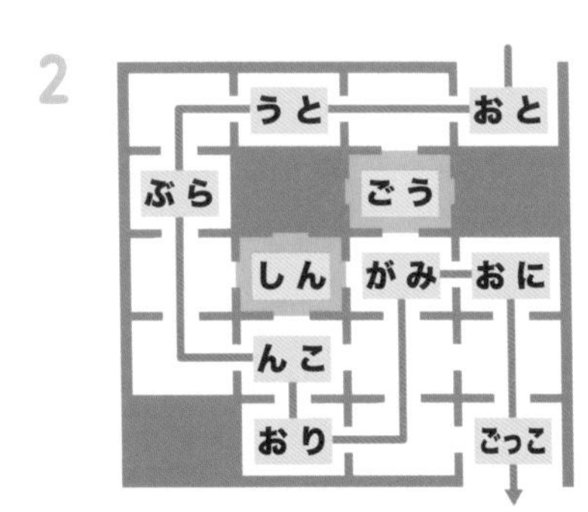

3

した かん すべり がく くつ がるー だい おん えん ねーず ぴつ まよ

4

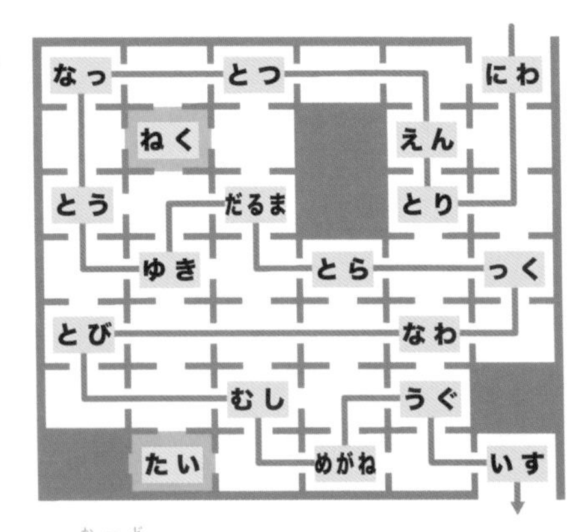

おまけもんだい　うえの ずの あおい ところが ひろわなかった カードだよ

①あるばむ　②しんごう　③おんがく　④ねくたい

どくぬま だっしゅつ

みぬく

平面を認識する

ルール

ブロックを おけるのは
むらさきの どくぬまの ところだけ

いたブロック

ブロックを
うらがえすことは
できないよ

ブロックを かさねて
おくことは できないよ

ゴールまでの みちが できた!

どくぬまに はまらないように いたブロックを おいて
ゴールまでの みちを つくろう。

1 どくぬまに はまらないように いたブロックを おいて
ゴールまでの みちを つくろう。

どくぬまだっしゅつのヒント
ほんの さいごにある パズルピースを
つかうと やりやすいよ!

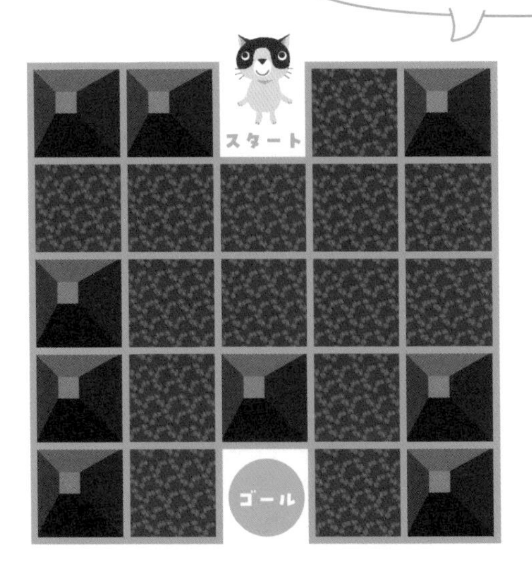

2 どくぬまに はまらないように いたブロックを おいて ゴールまでの みちを つくろう。

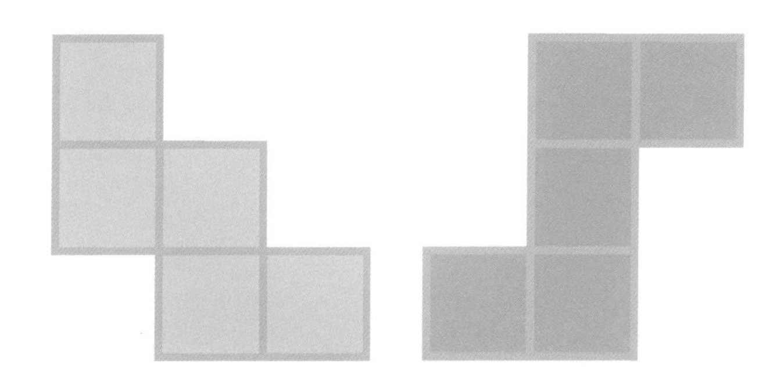

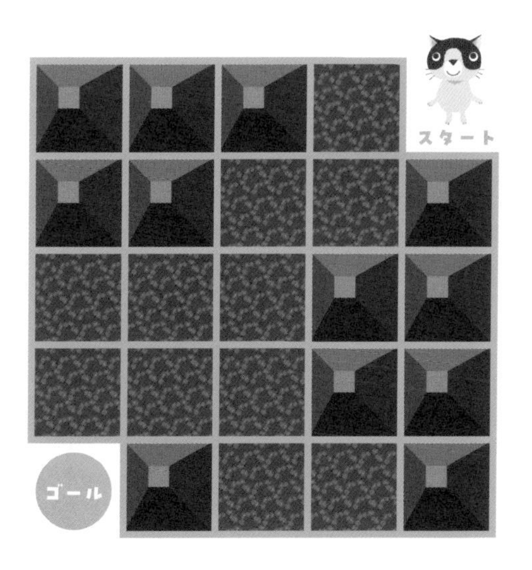

3 どくぬまに はまらないように いたブロック(ぶろっく)を おいて ゴールまでの みちを つくろう。

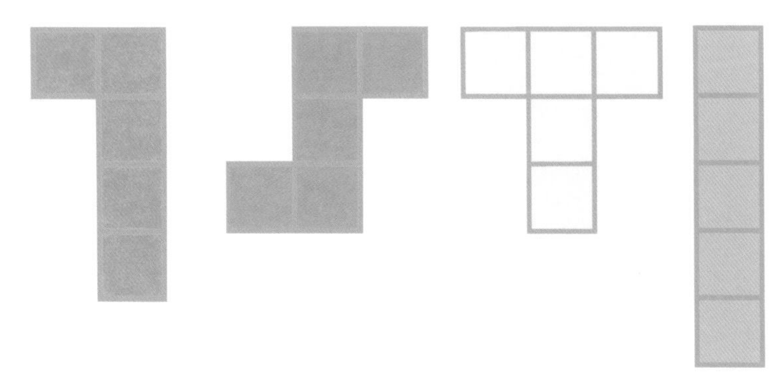

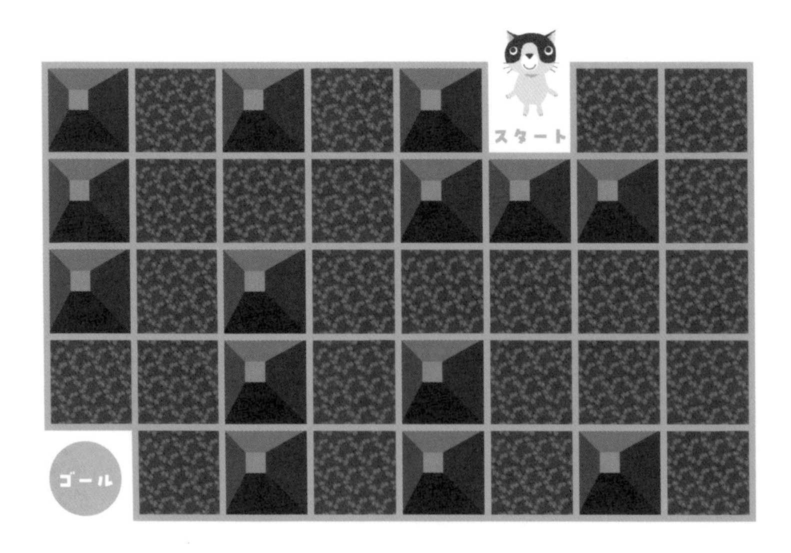

4 どくぬまに はまらないように いたブロックを おいて ゴールまでの みちを つくろう。

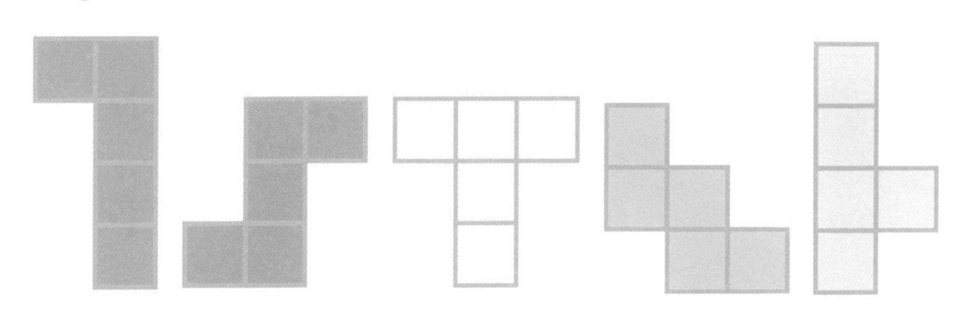

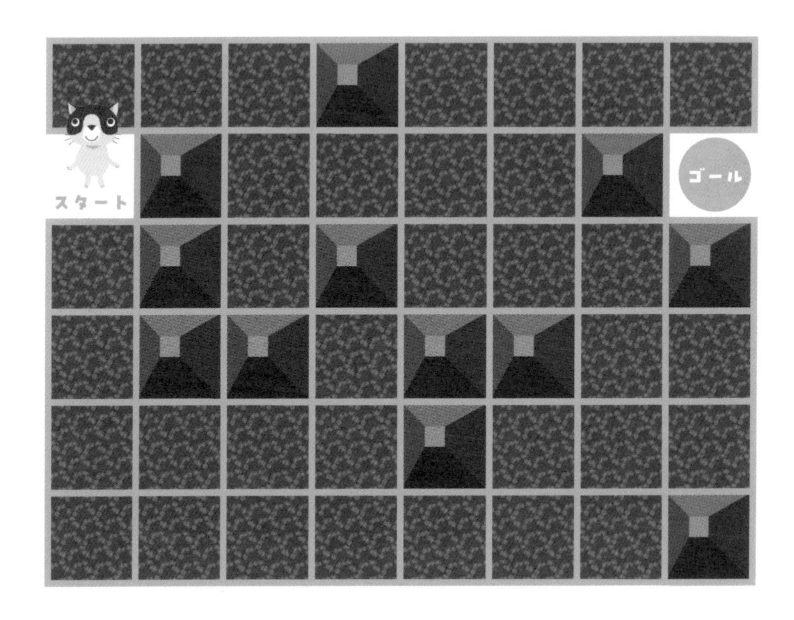

こたえ

うまくできたかな?

1

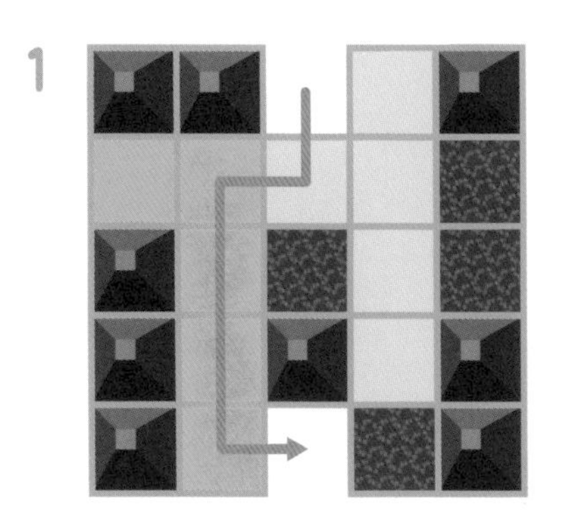

2

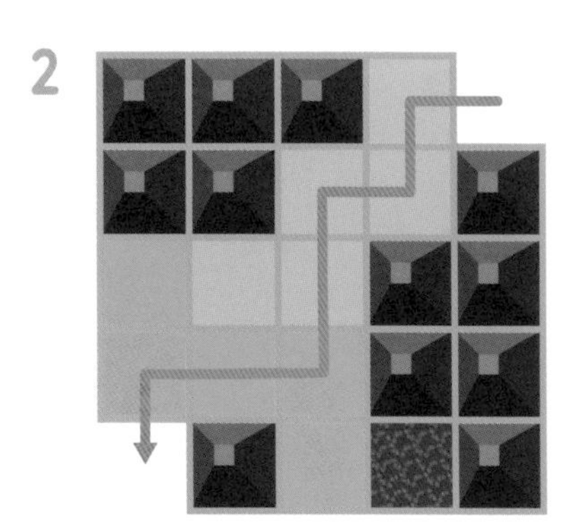

3

4

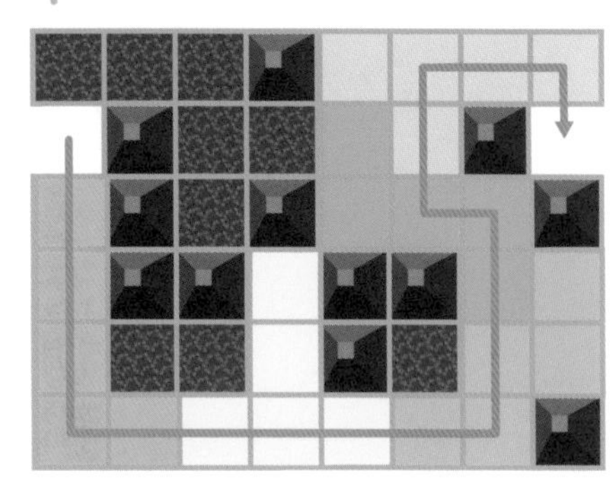

くらやみを すすめ!

みぬく

図形を操作する

ルール

ブロックを おけるのは くろいところだけ

ブロックを うらかえすことは できないよ

スタート

かべブロック

ゴール

ブロックを かさねて おくことは できないよ

いっぽんみちが できた!

へやが まっくらで にわとりさんが こまっているみたい。
くろい ところに かべブロックを おいて
いっぽんみちを つくってあげよう。

1 こまっている にわとりさんのために くろい ところに かべブロックを おいて いっぽんみちを つくろう。

くらやみをすすめ！ のヒント
ほんの さいごにある パズルピースを つかうと やりやすいよ！

スタート

ゴール

2 こまっている にわとりさんのために くろい ところに かべブロックを おいて いっぽんみちを つくろう。

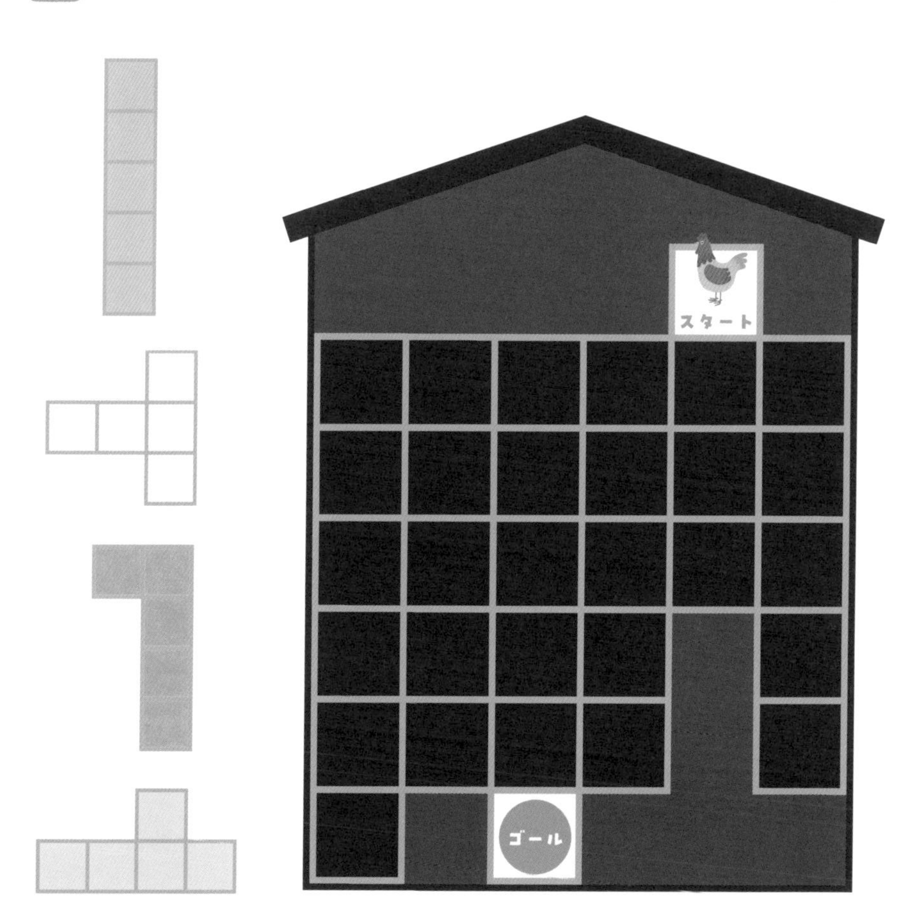

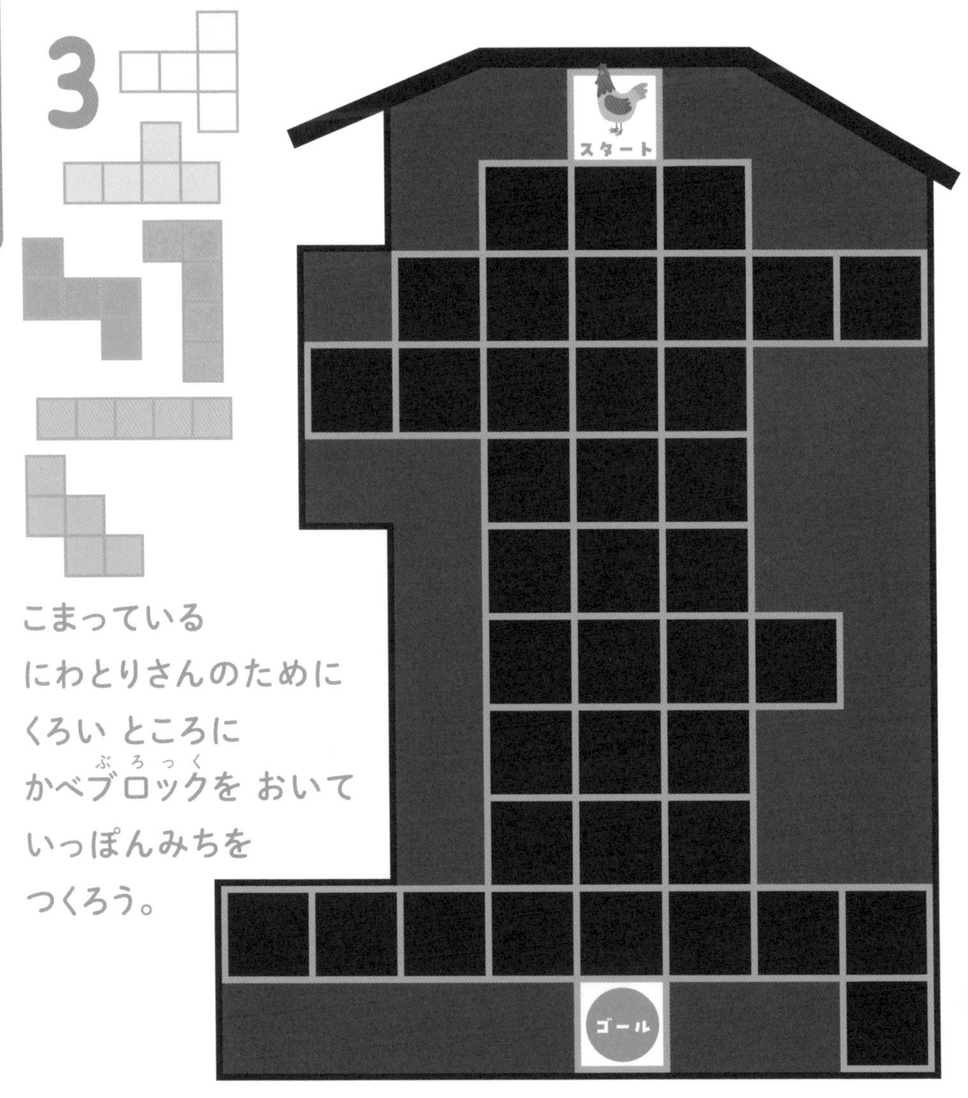

こまっている
にわとりさんのために
くろい ところに
かべブロックを おいて
いっぽんみちを
つくろう。

4 こまっている にわとりさんのために くろい ところに かべブロック（ぶろっく）を おいて いっぽんみちを つくろう。

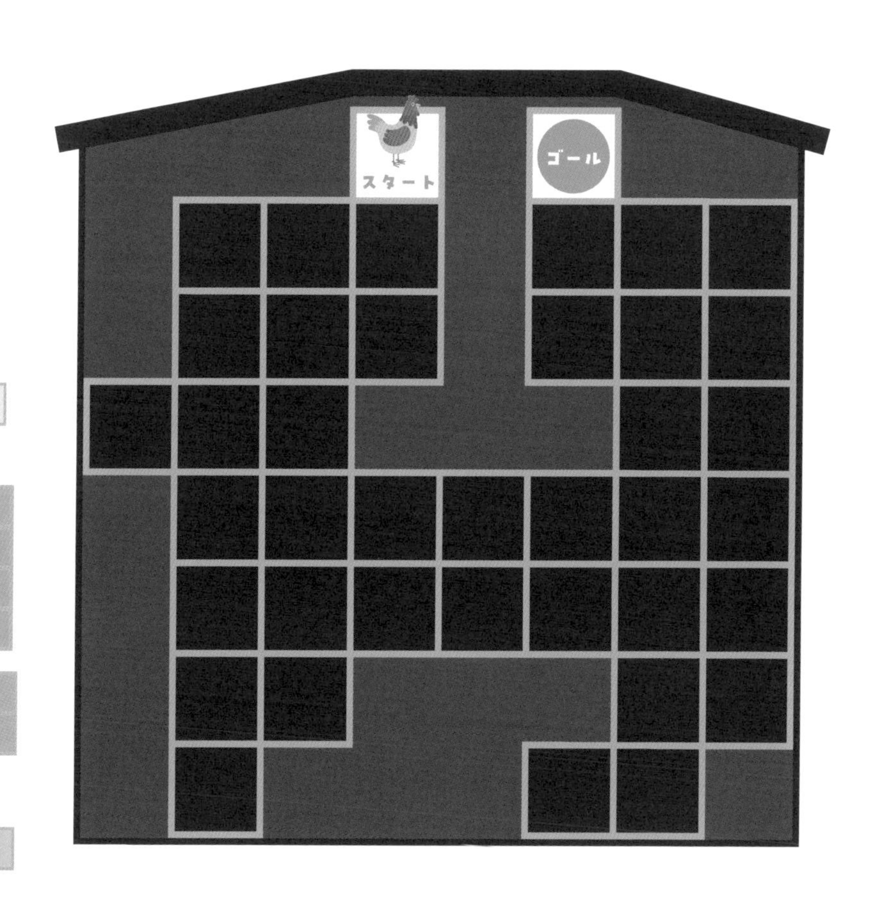

こたえ

1

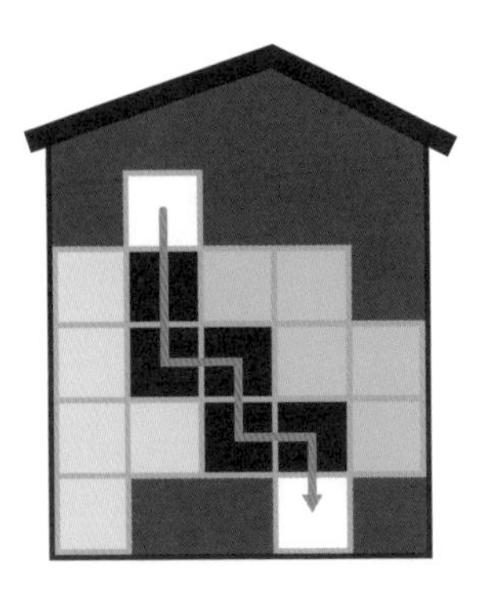

2

3

4

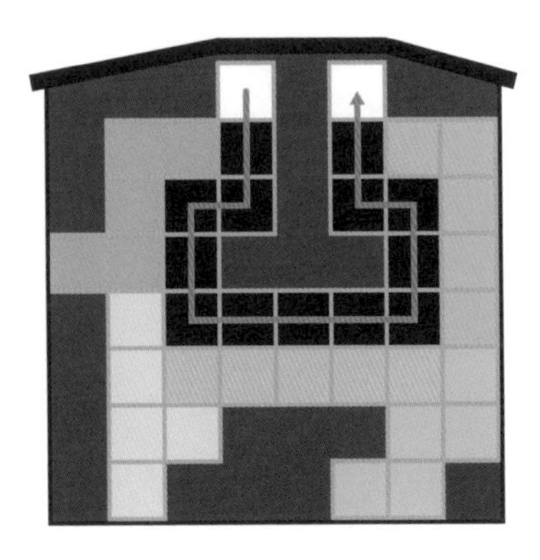

ゲキむずめいろ

さあ さいごの もんだいだ!
これまで といた めいろを ゲキむずに したよ。
ぜんぶ できるかな?

1 11の へやで たまごを ひろって ゴールしてね。 おおくても すくなくても だめだよ。

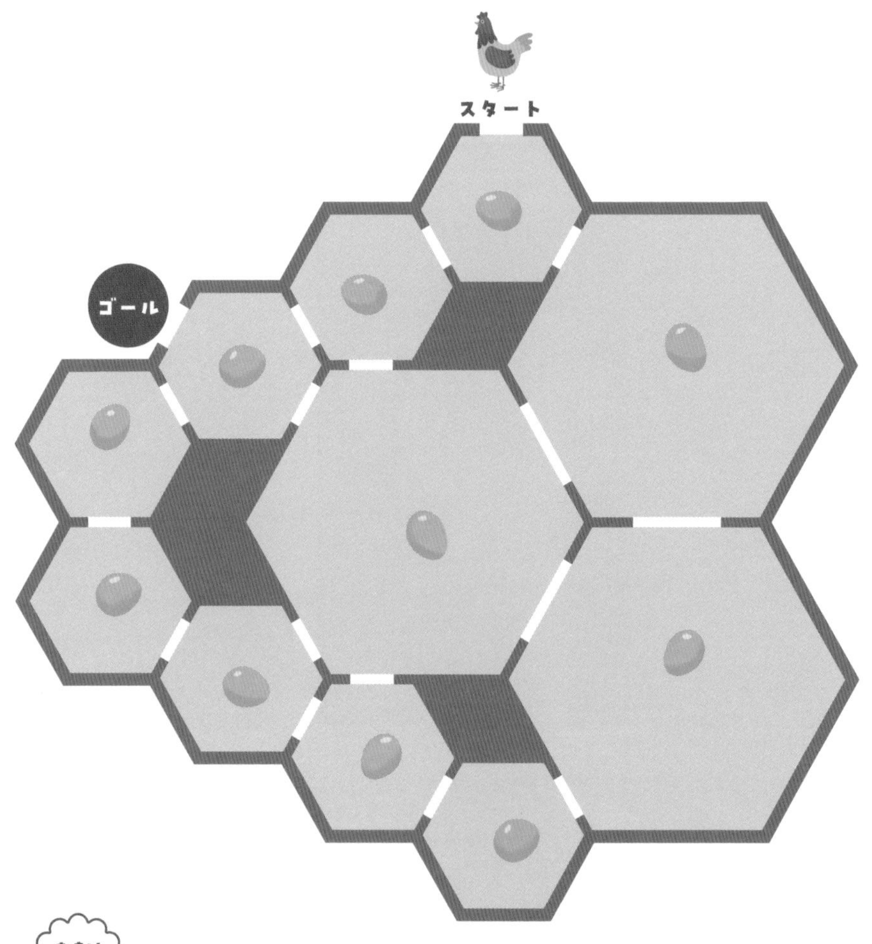

おまけもんだい 5へやで ゴールするには どうする?　→こたえは118ページ

2 あめを ぜんぶ ひろって ゴールしよう！ でも あめは いちど へやを とおるごとに 1つしか ひろえないよ。

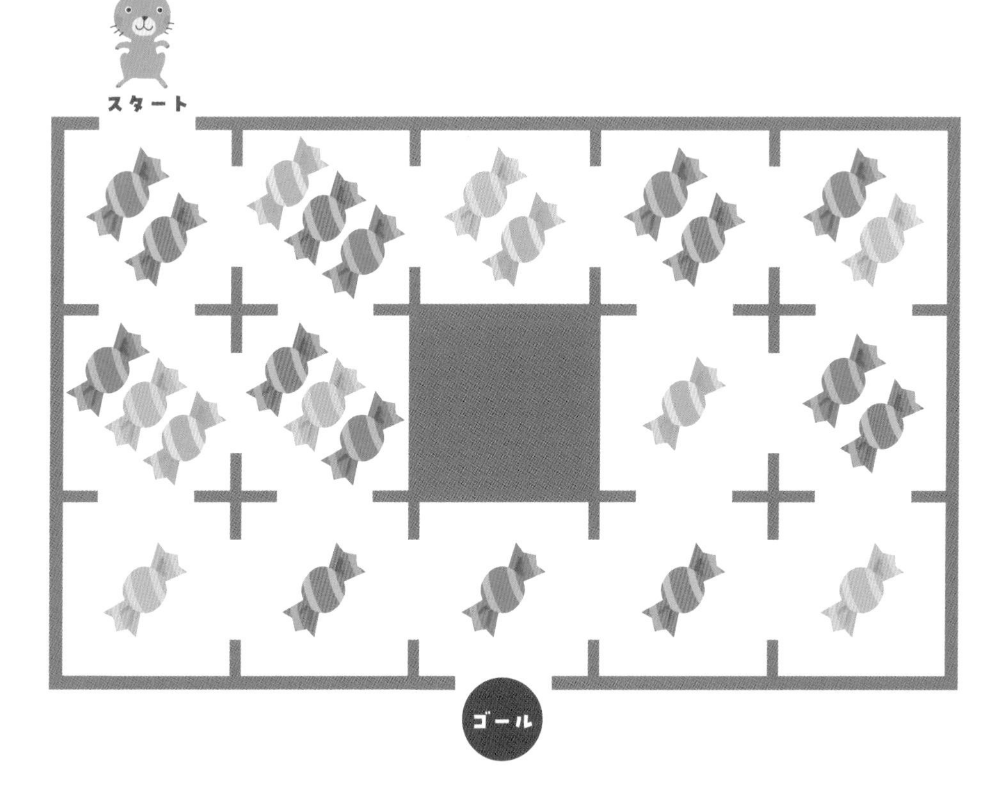

おまけもんだい あめは ぜんぶで いくつ？ 10びょういないに わかるかな？ →こたえは118ページ

3 どくぬまに はまらないように いたブロックを おいて ゴールまでの みちを つくろう。

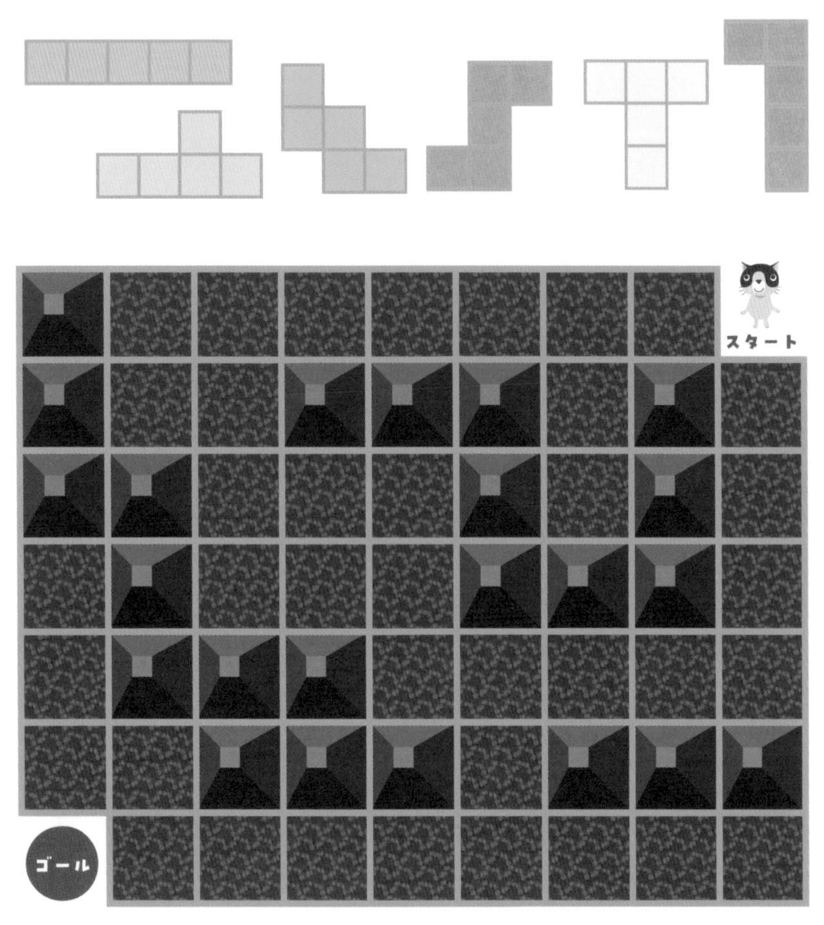

4 どくぬまに はまらないように いたブロックを おいて
ゴールまでの みちを つくろう。

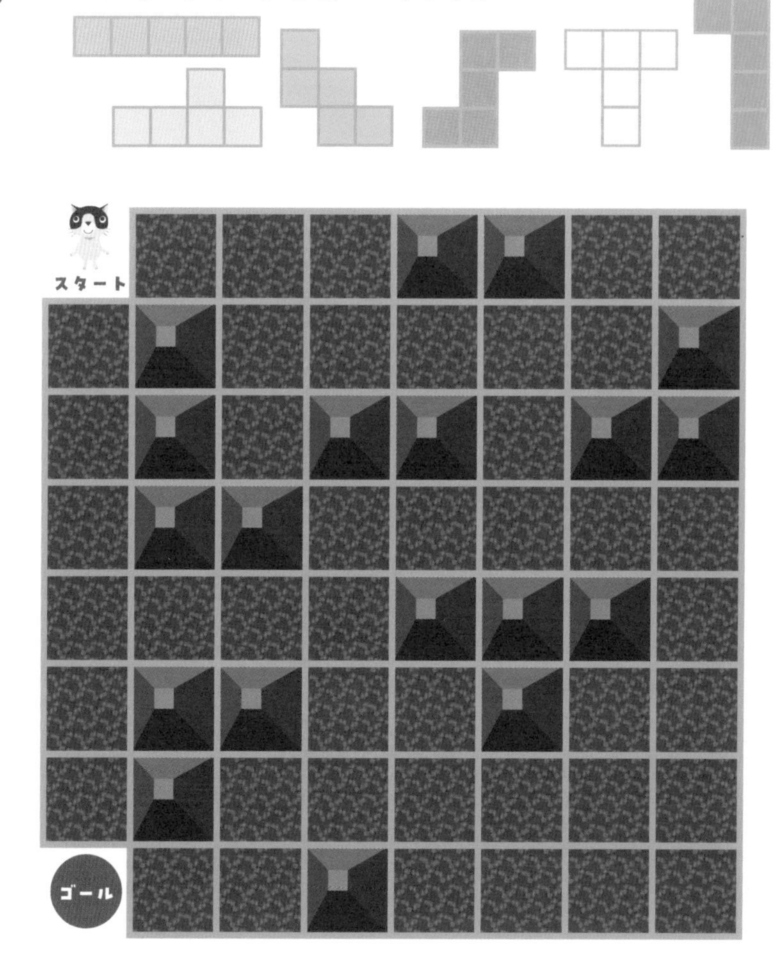

こたえ

1

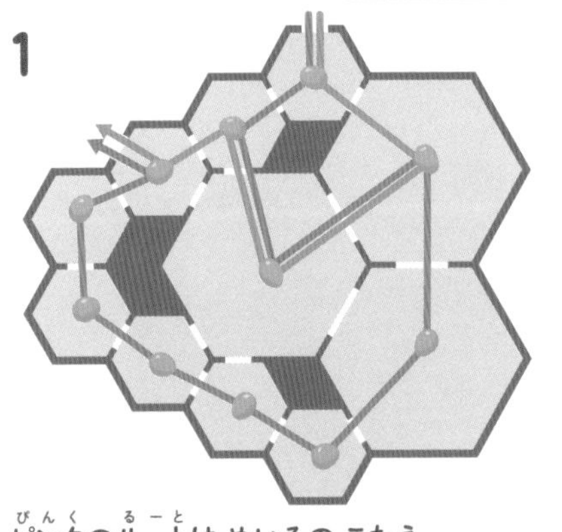

2

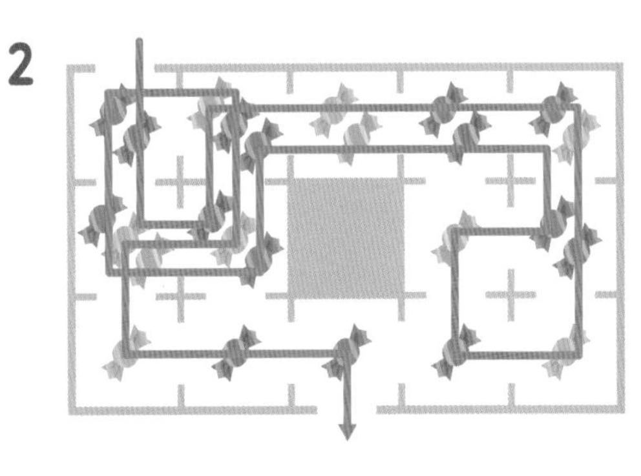

ピンクのルートは めいろの こたえ、
みずいろの ルートは おまけもんだいの こたえだよ。
おまけもんだいの こたえは ほかにも あるよ。
きめられた かずの へやで いけていれば せいかいだよ

3

4

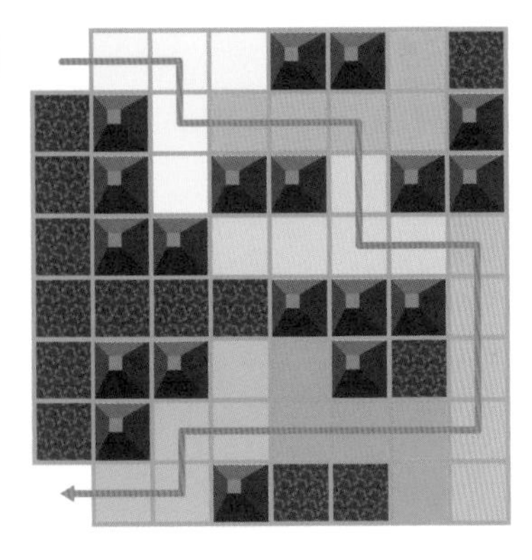

②25こ

さいごに おまけだよ

あたまやわらかパズル

ルール

つくってみよう！

ほんの さいごに ある パズルピースで
かたちを つくってみてね。

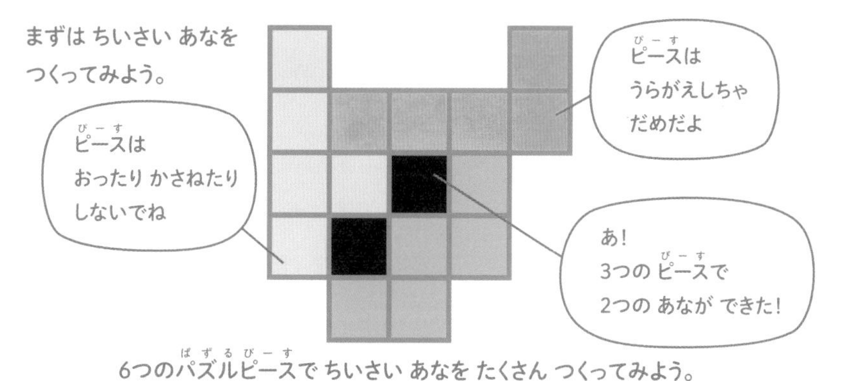

6つのパズルピースで ちいさい あなを たくさん つくってみよう。

→こたえの れいは 126ページ

あつがみの ピースを つかった あそびを しょうかいするよ。
いろいろな かたちを つくろう。

1 かいだん(3ピース)

3つの ピースを つかって したの かたちを つくろう。

あそんで みよう 3つの すきな ピースで すきな かたちを たくさん つくってみよう。

2 しんかんせん(4ピース)

4つの ピースを つかって したの かたちを つくろう。
1つだけ つかう ピースの ばしょを おしえるよ。

あそんで みよう　4つの すきな ピースで あなの ある かたちを たくさん つくってみよう。

3 きょうりゅう（5ピース）

5つの ピースを つかって したの かたちを つくろう。
1つだけ つかう ピースの ばしょを おしえるよ。

あそんで みよう　4つの すきな ピースで すきな かたちを たくさん つくってみよう。

4 いぬ（5ピース）

5つの ピースを つかって したの かたちを つくろう。

あそんで みよう　5つの すきな ピースで あなの ある かたちを たくさん つくってみよう。

5 グラス(6ピース)

6つの ピースを
つかって
みぎの かたちを
つくろう。
1つだけ
つかう ピースの
ばしょを
おしえるよ。

あそんでみよう　5つの すきな ピースで すきな かたちを たくさん つくってみよう。

6 カンガルー（6ピース）

6つの ピースを
つかって
みぎの かたちを
つくろう。
1つだけ
つかう ピースの
ばしょを
おしえるよ。

あそんでみよう　6つの ピースで すきな かたちを たくさん つくってみよう。

おうちのかたへ

ブロック・パズル遊び中はそっと見守って

めいろ同様、算数脳を鍛える幼児期の遊びがパズルやブロックです。子どもは目だけでなく、指先からも形の違いを感じ、楽しんでいるのです。考えてはつくり、つくっては考えるなど、想像と創造の間を行き来できるのも魅力です。これらの遊びに夢中なときは、まさに平面図形のセンス・空間認識力が鍛えられています。ぜひ、そっと見守ってあげてください。

つくってみよう!

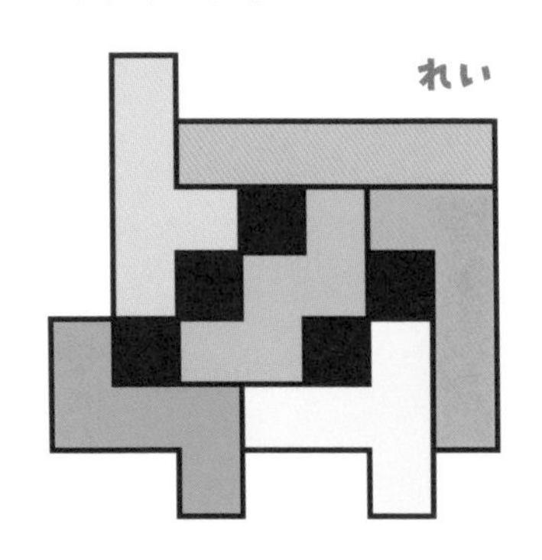

6つの ピース(ぴーす)を つかって ちいさい あなが つくれていれば どんな かたちでも せいかいだよ

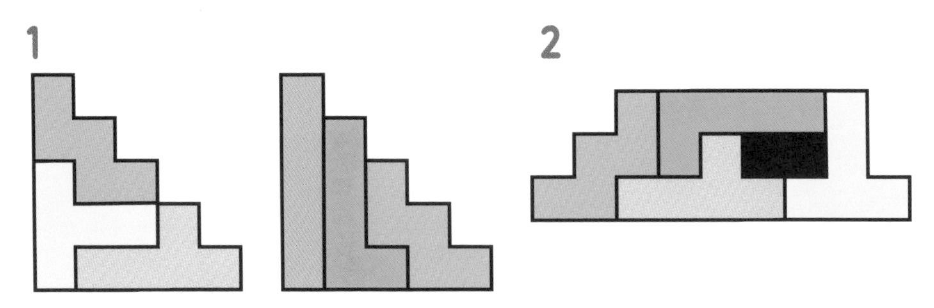

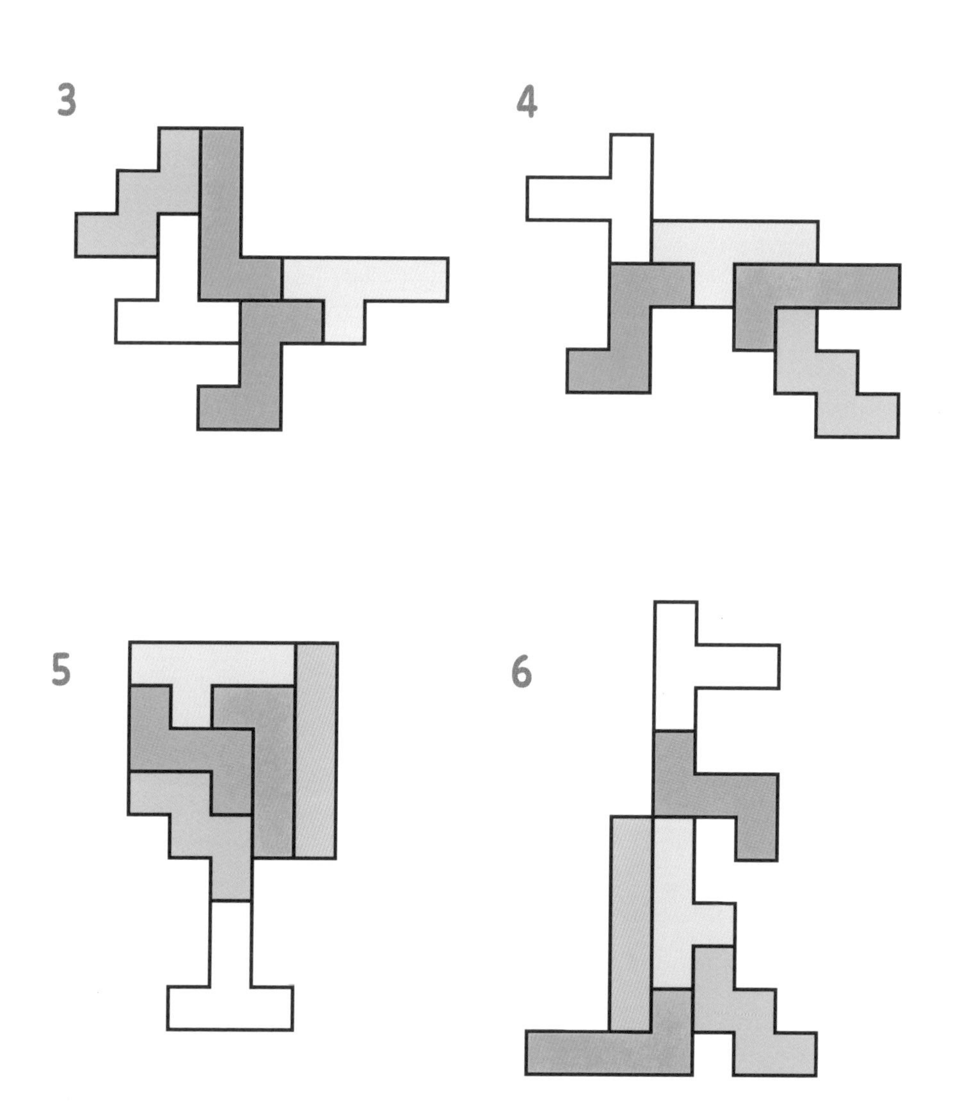
3
4
5
6

高濱正伸（たかはま・まさのぶ）

1959年熊本県人吉市生まれ。東京大学農学部卒、同大学院農学系研究科修士課程修了。花まる学習会代表、NPO法人 子育て応援隊むぎぐみ理事長。算数オリンピック作問委員。日本棋院理事。
1993年、「この国は自立できない大人を量産している」という問題意識から「メシが食える大人に育てる」という理念のもと、「作文」「読書」「思考力」「野外体験」を主軸にすえた学習塾「花まる学習会」を設立。会員数は2万人を超え、野外体験企画では年間約1万人を引率。2015年より佐賀県武雄市で官民一体型学校の運営に関わる。
講演会も各地で行い、2020年度からオンラインでも開催。
TBS系『情熱大陸』やテレビ東京系『カンブリア宮殿』などのテレビ出演、また新聞、雑誌などメディア露出多数。著書は『小3までに育てたい算数脳』(エッセンシャル出版社)、『算数脳パズルなぞぺ～』シリーズ(草思社)、『メシが食える大人になる！ よのなかルールブック』(日本図書センター) など。

数理教室 ALGO CLUB 花まる学習会

花まる学習会
アルゴクラブ

「本当に頭がいい人は考えることが大好きだから徹底して考え抜く」という思いから楽しく没頭できる数理教室として2003年に開校。子どもたちがゲームやパズルを楽しむうちに、夢中になって考え続けられるよう指導する。
遊ぶように考える経験を通して試行錯誤する力や論理的思考力を伸ばし、難関校へ進学した生徒を多く輩出している。
本書のめいろ制作を担当した中山翔太、小島健、岡本祐樹は優れた指導力と卓越した問題作成能力に定評がある。

あたまがよくなるめいろ
あそび編

2024年1月15日　初版印刷
2024年1月25日　初版発行

監　　修　高濱正伸
発 行 人　黒川精一
発 行 所　株式会社サンマーク出版
〒169-0074東京都新宿区北新宿2-21-1
電話　03-5348-7800
印刷・製本　共同印刷株式会社

ISBN978-4-7631-3943-6　C8076

ホームページ　https://www.sunmark.co.jp